U0514420

新版《列国志》编辑委员会

主　　任　王伟光

副 主 任　李培林　蔡　昉

委　　员（按姓氏音序排列）

陈众议　黄　平　李安山　李晨阳　李剑鸣　李绍先

李　薇　李向阳　李永全　刘北成　刘德斌　钱乘旦

曲　星　王　镭　王立强　王灵桂　王　巍　王新刚

王延中　王　正　吴白乙　邢广程　杨栋梁　杨　光

张德广　张顺洪　张宇燕　张蕴岭　郑秉文　周　弘

庄国土　卓新平

秘 书 长　马　援　谢寿光

列国志 新版

GUIDE TO THE WORLD NATIONS

李洪峰　侯镌琳 | *CHAD*

编著

乍 得

社会科学文献出版社
SOCIAL SCIENCES ACADEMIC PRESS (CHINA)

乍得国旗

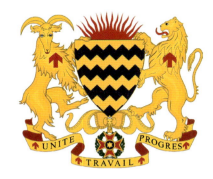

乍得国徽

民族广场（耿道锦　摄）

乍得民众（耿道锦　摄）

干涸的季节河（耿道锦　摄）

乍得南部风光（耿道锦　摄）

乍得风光（耿道锦　摄）

出版说明

　　《列国志》编撰出版工作自 1999 年正式启动，截至目前，已出版 144 卷，涵盖世界五大洲 163 个国家和国际组织，成为中国出版史上第一套百科全书式的大型国际知识参考书。该套丛书自出版以来，受到社会各界的广泛好评，被誉为"21 世纪的《海国图志》"，中国人了解外部世界的全景式"窗口"。

　　这项凝聚着近千学人、出版人心血与期盼的工程，前后历时十多年，作为此项工作的组织实施者，我们为这皇皇 144 卷《列国志》的出版深感欣慰。与此同时，我们也深刻认识到当今国际形势风云变幻，国家发展日新月异，人们了解世界各国最新动态的需要也更为迫切。鉴于此，为使《列国志》丛书能够不断补充最新资料，更好地服务于社会各界，我们决定启动新版《列国志》编撰出版工作。

　　与已出版的 144 卷《列国志》相比，新版《列国志》无论是形式还是内容都有新的调整。国际组织卷次将单独作为一个系列编撰出版，原来合并出版的国家将独立成书，而之前尚未出版的国家都将增补齐全。新版《列国志》的封面设计、版面设计更加新颖，力求带给读者更好的阅读享受。内容上的调整主要体现在数据的更新、最新情况的增补以及章节设置的变化等方面，目的在于进一步加强该套丛书将基础研究和应用对策研究相结合，将基础研究成果应用于实践的特色。例如，增加了各国有关资源开发、环境治理的内容；特设"社会"一章，介绍各国的国民生活情况、社会管理经验以及存在的社会问题，等等；增设"大事纪年"，方便读者在短时间内熟悉各国的发展线索；增设"索引"，便于读者根据人名、地名、关键词查找所需相关信息。

顺应时代发展的要求，新版《列国志》将以纸质书为基础，全面整合国别国际问题研究资源，构建列国志数据库。这是《列国志》在新时期发展的一个重大突破，由此形成的国别国际问题研究与知识服务平台，必将更好地服务于中央和地方政府部门应对日益繁杂的国际事务的决策需要，促进国别国际问题研究领域的学术交流，拓宽中国民众的国际视野。

新版《列国志》的编撰出版工作得到了各方的支持：国家主管部门高度重视，将其列入"'十二五'国家重点图书出版规划项目"；中国社会科学院将其列为创新工程学术出版资助项目，王伟光院长亲自担任编辑委员会主任，指导相关工作的开展；国内各高校和研究机构鼎力相助，国别国际问题研究领域的知名学者相继加入编辑委员会，提供优质的学术指导。相信在各方的通力合作之下，新版《列国志》必将更上一层楼，以崭新的面貌呈现给读者，在中国改革开放的新征程中更好地发挥其作为"知识向导"、"资政参考"和"文化桥梁"的作用！

新版《列国志》编辑委员会

2013 年 9 月

前　言

　　自 1840 年前后中国被迫开关、步入世界以来，对外国舆地政情的了解即应时而起。还在第一次鸦片战争期间，受林则徐之托，1842 年魏源编辑刊刻了近代中国首部介绍当时世界主要国家舆地政情的大型志书《海国图志》。林、魏之目的是为长期生活在闭关锁国之中、对外部世界知之甚少的国人"睁眼看世界"，提供一部基本的参考资料，尤其是让当时中国的各级统治者知道"天朝上国"之外的天地，学习西方的科学技术，"师夷之长技以制夷"。这部著作，在当时乃至其后相当长一段时间内，产生过巨大影响，对国人了解外部世界起到了积极的作用。

　　自那时起中国认识世界、融入世界的步伐就再也没有停止过。中华人民共和国成立以后，尤其是 1978 年改革开放以来，中国更以主动的自信自强的积极姿态，加速融入世界的步伐。与之相适应，不同时期先后出版过相当数量的不同层次的有关国际问题、列国政情、异域风俗等方面的著作，数量之多，可谓汗牛充栋。它们对时人了解外部世界起到了积极的作用。

　　当今世界，资本与现代科技正以前所未有的速度与广度在国际流动和传播，"全球化"浪潮席卷世界各地，极大地影响着世界历史进程，对中国的发展也产生极其深刻的影响。面临不同以往的"大变局"，中国已经并将继续以更开放的姿态、更快的步伐全面步入世界，迎接时代的挑战。不同的是，我们所面临的已不是林则徐、魏源时代要不要"睁眼看世界"、要不要"开放"的问题，而是在新的历史条件下，在新的世界发展大势下，如何更好地步入世界，如何在融入世界的进程中更好地维护民族国家的主权与独立，积极参与国际事务，为维护世界和平，促进世界与人类共同发展做出贡献。这就要求我们对外部世界有比以往更深切、全面的了解，我们只有更全面、更深入地了解世界，才能在更高的层次上融入世界，也才能在融入世界的进程中不迷失方向，保持自我。

与此时代要求相比，已有的种种有关介绍、论述各国史地政情的著述，无论就规模还是内容来看，已远远不能适应我们了解外部世界的要求。人们期盼有更新、更系统、更权威的著作问世。

中国社会科学院作为国家哲学社会科学的最高研究机构和国际问题综合研究中心，有 11 个专门研究国际问题和外国问题的研究所，学科门类齐全，研究力量雄厚，有能力也有责任担当这一重任。早在 20 世纪 90 年代初，中国社会科学院的领导和中国社会科学出版社就提出编撰"简明国际百科全书"的设想。1993 年 3 月 11 日，时任中国社会科学院院长的胡绳先生在科研局的一份报告上批示："我想，国际片各所可考虑出一套列国志，体例类似几年前出的《简明中国百科全书》，以一国（美、日、英、法等）或几个国家（北欧各国、印支各国）为一册，请考虑可行否。"

中国社会科学院科研局根据胡绳院长的批示，在调查研究的基础上，于 1994 年 2 月 28 日发出《关于编纂〈简明国际百科全书〉和〈列国志〉立项的通报》。《列国志》和《简明国际百科全书》一起被列为中国社会科学院重点项目。按照当时的计划，首先编写《简明国际百科全书》，待这一项目完成后，再着手编写《列国志》。

1998 年，率先完成《简明国际百科全书》有关卷编写任务的研究所开始了《列国志》的编写工作。随后，其他研究所也陆续启动这一项目。为了保证《列国志》这套大型丛书的高质量，科研局和社会科学文献出版社于 1999 年 1 月 27 日召开国际学科片各研究所及世界历史研究所负责人会议，讨论了这套大型丛书的编写大纲及基本要求。根据会议精神，科研局随后印发了《关于〈列国志〉编写工作有关事项的通知》，陆续为启动项目拨付研究经费。

为了加强对《列国志》项目编撰出版工作的组织协调，根据时任中国社会科学院院长的李铁映同志的提议，2002 年 8月，成立了由分管国际学科片的陈佳贵副院长为主任的《列国志》编辑委员会。编委会成员包括国际片各研究所、科研局、研究生院及社会科学文献出版社等部门的主要领导及有关同志。科研局和社会科学文献出版社组成《列国志》项目工作组，社会科学文献出版社成立了《列国志》工作室。同年，《列国志》项目被批准为中国社会科学院重大课题，新闻出版总署将《列国志》项目列入国家重点图书出版计划。

在《列国志》编辑委员会的领导下，《列国志》各承担单位尤其是各位学者加快了编撰进度。作为一项大型研究项目和大型丛书，编委会对《列国志》提出的基本要求是：资料翔实、准确、最新，文笔流畅，学术性和可读性兼备。《列国志》之所以强调学术性，是因为这套丛书不是一般的"手册""概览"，而是在尽可能吸收前人成果的基础上，体现专家学者们的研究所得和个人见解。正因为如此，《列国志》在强调基本要求的同时，本着文责自负的原则，没有对各卷的具体内容及学术观点强行统一。应当指出，参加这一浩繁工程的，除了中国社会科学院的专业科研人员以外，还有院外的一些在该领域颇有研究的专家学者。

现在凝聚着数百位专家学者心血，共计 141 卷，涵盖了当今世界 151 个国家和地区以及数十个主要国际组织的《列国志》丛书，将陆续出版与广大读者见面。我们希望这样一套大型丛书，能为各级干部了解、认识当代世界各国及主要国际组织的情况，了解世界发展趋势，把握时代发展脉络，提供有益的帮助；希望它能成为我国外交外事工作者、国际经贸企业及日渐增多的广大出国公民和旅游者走向世界的忠实"向导"，引领其步入更广阔的世界；希望它在帮助中国人民认识世界的同时，也能够架起世界各国人民认识中国的一座"桥梁"，一座中国走向世界、世界走向中国的"桥梁"。

《列国志》编辑委员会

2003 年 6 月

CONTENTS
目 录

CONTENTS
目　录

CONTENTS

目 录

CONTENTS
目 录

CONTENTS
目 录

CONTENTS

目 录

CONTENTS
目　录

CONTENTS
目 录

导　言

　　乍得是非洲中部国家，历史悠久，民族众多，地理位置重要。

　　乍得被发现有 750 万年前人类的头盖骨，堪称人类的摇篮。乍得湖在历史上曾经与尼罗河相连，与乍得的洛贡河等河流共同孕育着乍得各民族的文化。乍得有沙漠、草原等不同地貌，辽阔的土地上生活着 200 多个民族，法语和阿拉伯语是其官方语言，但各民族人民操各自方言，保存各自的传统习俗，信仰伊斯兰教、基督教、原始宗教等不同的宗教，是一个文化多样性程度很高的国家。

　　乍得是萨奥文明的滥觞之地，历经加奈姆① – 博尔努王国统治、西方国家殖民侵略、独立后内战频仍等阶段，乍得的历史是一部动荡和冲突的历史。乍得人民和其他国家人民一样，拥有自己的光荣和苦痛。20 世纪 90 年代后，乍得进入了一个相对和平稳定的时期，但仍面临反对派武装和政府间时有冲突、萨赫勒地区存在恐怖主义威胁等问题。

　　乍得是世界上最不发达的国家之一。作为传统的农业国家，乍得的粮食作物主要有高粱、玉米、花生和栗子，棉花是主要出口农作物，目前尚未实现粮食自给自足。21 世纪初，乍得的石油开发为工业发展带来了希望，但由于国际贸易规则和西方国家在乍得国民经济中的垄断操作等因素，乍得人民并没有充分地从中获益，收入低、就业机会少等问题长期困扰着乍得不同阶层、不同教育水平

---

　　①　也译"加涅姆"。

的人群，尤其是占据人口相当比例的年轻人。教育和医疗资源的不足更加阻碍了乍得人民生活水平的提高。乍得政府正积极发展同国际社会的合作，推动乍得国民经济发展，挖掘自身潜力，调动外部资源，逐步改善人民生活。

得益于自身地缘政治优势，乍得在非洲地区事务中具有一定的特殊地位。乍得与美国和法国都保持着比较密切的合作关系，同时也重视发展与新兴国家的关系。近年来，乍得在地区反恐方面也发挥了比较积极的作用。

自 2006 年与中国复交以来，乍得与中国的友好关系平稳发展，中国的援建项目和援乍医疗队的工作都得到了当地民众的认可，两国互利合作进一步发展的空间广阔。

21 世纪，世界在飞速发展，这对乍得而言既是机遇，又是挑战。乍得正积极采取措施，调整发展战略，努力实现更加和平、美好的未来。

第一章

概　览

乍得共和国（英文名 the Republic of Chad，法文名 la République du Tchad，以下简称"乍得"）是非洲中部的内陆国家，位于北非和撒哈拉以南非洲的连接处，地理位置十分重要。乍得曾是非洲中部的商队集散地，商队来自于乍得以西的贝宁湾沿岸、以北的今利比亚首都所在的黎波里地区，以及乍得以东的埃及等地。

第一节　国土和人口

一　国土面积

乍得位于撒哈拉沙漠南缘，幅员较为辽阔，国土面积 128.4 万平方千米，居世界各国领土面积第 20 位，在非洲国家中排名第五，仅次于阿尔及利亚、刚果（金）、苏丹和利比亚。

二　地理位置

乍得位于北纬 7°～24°、东经 13°～24°。与六国相邻，北邻利比亚，东接苏丹，南与中非共和国和喀麦隆接壤，西与尼日尔毗连，西南乍得湖的对岸则是尼日利亚。

三　地形、河湖与气候

（一）地形

乍得是内陆国家，没有出海口，距乍得最近的港口是邻国喀麦隆的杜阿拉，相距约 2000 千米。

乍得从北到南可分为三大区域：沙漠地带、半干旱地带和热带草原地带。北部和东部地势偏高，其余地区地势平缓，乍得湖是其海拔最低的区域。北部的提贝斯提高原区平均海拔 2000 米，最高峰库西山（Emi Koussi）海拔 3415 米，系中部非洲的最高峰。东南部为达尔富尔高原区，东北部为埃尔迪 - 恩内迪高原区。东北高原有一座活火山——图西德火山（Toussidé），占地面积约 6000 平方千米，最高点海拔 3265 米。

（二）河湖

流经乍得的主要河流有：沙里河（le Chari），源自中非共和国，全长约 1200 千米；洛贡河（le Logone），发源地在喀麦隆，全长约 950 千米。洛贡河和沙里河之间可通航，两河在首都恩贾梅纳附近交汇，一并注入乍得湖。除这两大河以外，汇入乍得湖的河流还有巴塔河（le Batha）、加扎勒干河（le Bahr-El-Gazal）、奥克河（le Bahr-Aouk）等。

乍得境内有五大湖，分别是：乍得湖（Tchad）、菲特里湖（Fitri）、伊洛湖（Iro）、雷勒湖（Léré）和特盖姆湖（Tekem）。

乍得湖是该国最主要的水域，位于乍得、喀麦隆、尼日尔和尼日利亚四国交界处，撒哈拉沙漠和世界奇热地带之一的苏丹热带稀树干旱草原之间，是世界著名的内陆淡水湖，也是非洲第四大湖。"乍得"一词在生活在湖边的卡努里人的语言中意为"大面积的水域"。所以说，乍得因湖而得名。

地质学家的研究报告指出，乍得湖孕育在非洲古老大陆上的一个原始盆地里。1 万多年前，乍得湖湖区是一个很大的内海地区。据考证，在过去的 5000 ~ 12000 年，乍得湖曾三度外扩。约 5400 年前，乍得湖的面积达到巅峰，达 30 万 ~ 40 万平方千米，水深 160 多米。向东北，乍得湖曾与尼罗河相连，是尼罗河的河源之一。向西，在丰水期，乍得湖水平扩大，能够与尼日尔河最大的支流贝努埃河相通。后由于地形变化，出口河道泥沙淤塞，乍得湖和尼罗河、尼日尔河逐渐分离，才演变成今天的内陆湖。

如今，乍得湖的面积每年随季节变化而发生两次明显变化。6 月雨季来临时，湖面扩大；11 月旱季到来时，湖面则渐渐缩小。乍得湖的水源，主要来自降水和河流。沙里河和洛贡河占乍得湖供水量的 82%。降雨占乍得湖水源的 14%，其他河流来水约占 3.6%。湖水的 4.5% 渗漏为地下水，成为周围干旱地区居民生活和牲畜用水的重要来源。

无论从生活生产用水角度，还是从渔业发展等方面看，乍得湖都具有重要的经济价值。乍得湖水质优良，水浅，温度高，是一个天然淡水渔场，出产大量的泥鳅、尼罗河鲈鱼、鲶鱼、河豚、虎形鱼等。乍得湖畔的居民普遍以捕鱼为生。部分渔民习惯使用鱼叉叉鱼，将渔获之物收入大号葫芦内，保持着原始而有趣的劳作状态。

除了渔业资源，乍得湖也为周边居民提供其他生活资料和经济来源。乍得湖的浅水区生长的芦苇和纸草，是当地人编制日常生活用品和工艺品的材料，也是造纸的原料。乍得湖沿岸还出产食盐和天然碱。湖区东部被水道隔成许多岛屿，保持着原始而美丽的自然生态，可惜的是由于乍得经济发展落后，湖区的旅游价值尚未得到较好开发。湖区毗邻的沙里河以及洛贡河流域是重要的农业区，盛产棉花、花生、稻米、薯类等，是乍得主要的粮仓所在地。

乍得湖自古以来就是连接北非和中部非洲的重要通道，是周边各国居民的集散地。湖区居民经常划着渔船，带着土特产，聚集在湖边的浅滩草丛中，组织临时性小型集贸市场，出售或者交换土产品。乍得居民经常用船载着鱼、肉、木薯等农、副产品到尼日利亚出售，带回糖、花生油、肥皂、衣服等日用品。

自 20 世纪后半叶以来，乍得湖区的发展面临严峻挑战。由于降水量的减少和耕地灌溉需求的增加，乍得湖的面积不断缩小。20 世纪 60 年代，其面积约为 26000 平方千米，至 2004 年则缩小为 2400 平方千米左右，在不到 50 年时间里缩小为原来的 1/10。联合国环境规划署认为，乍得湖的湖水面积锐减，导致湖区生态环境严重失衡，沿湖国家应尽快采取必要措施应对这一挑战，保障自身的生存和发展。

为保护乍得湖生态环境，优化湖区水资源管理，1964 年，乍得、喀麦隆、尼日利亚和尼日尔四国在恩贾梅纳成立乍得湖流域委员会。1994 年中非共和国加入该委员会，苏丹、埃及、刚果（布）和刚果（金）为委员会观察员国。1998 年，委员会制定了该流域的 6 项发展战略计划，提出开凿一条长 100 ~ 200 千米的人工河道，将刚果河（扎伊尔河）重要支流乌班吉河的部分河水调入乍得湖，以解决乍得湖水量大幅下降的问题。2001 年 3 月，乍得湖流域委员会第 48 次部长级会议决定在乌班吉河上游修建一座大坝，以期早日实现乌班吉河水北调乍得湖计划。会议认为，修建这座水坝可以调节乌班吉河下游水量，保障刚果（布）首都布拉柴维尔、刚果（金）首都金沙萨和中非共和国首都班吉之间的水运常年畅通，也有利于将乌班吉河水输送到日益干涸的乍得湖，同时还能蓄水发电，改善中非、苏丹等国家的供电现状。由于该计划所需资金巨大，且刚果（金）、刚果（布）等上游国家对工程引起本国水资源减少存有顾虑，该计划至今未能取得实质性进展。

2008～2015 年，乍得湖流域委员会实施了乍得湖流域可持续发展计划，加强乍得湖环境保护和促进流域居民减贫，具体举措包括水资源保护、沙丘固定、濒危畜类和鱼类保护、就修建引水渠进行可行性研究、重新培育退化的草场等。该计划耗资 418 亿中非法郎[①]，资金主要是非洲发展银行、世界银行、伊斯兰发展银行等机构的贷款，有关项目已进入实施阶段。

此外，近年来，尼日利亚极端组织"博科圣地"经常袭击在湖区航行的船只，杀害渔民，对湖区航行安全构成巨大威胁。2014 年，乍得派代表出席了乍得湖盆地委员会（尼日尔、尼日利亚、乍得、喀麦隆、中非等五国组成）会议。会议决定尼日尔、尼日利亚、乍得、喀麦隆等四国将合作组建一支多国军事力量，共同应对"博科圣地"的威胁。

（三）气候

乍得地域辽阔，从北到南不同气候特征明显。占国土面积约一半的北方地区属典型的撒哈拉沙漠气候。南部属赤道气候，湿润多雨，有利于热带草原的形成。中部属热带草原气候，旱季远长于雨季。

每年 4 月，乍得盛行西南风，进入雨季。南方的雨季从 4 月或 5 月持续到 10 月，中部和北部一般是从 6 月到 10 月。其余月份为

---

① 二战后，非洲前法国殖民地国家普遍使用"非洲法郎"。后随着各国独立和区域经济货币一体化的发展，进一步区分为"西非法郎"和"中非法郎"。由于各类资料中多有混用情况，为叙述方便，本书统称"中非法郎"。

旱季。全国年平均气温在 20℃ 左右，最高平均温度可达 30 ~ 40℃。首都恩贾梅纳 7 ~ 9 月为雨季，气温在 21 ~ 35℃，降水丰沛，尤其在 7 月和 8 月，平均降水量可达 144 ~ 175 毫米。10 月到 11 月中旬，炎热少雨，但仍比其余旱季月份湿润。

四　行政区划

根据乍得 1996 年宪法，乍得地方行政单位分为大区（Région）、省（Département）、镇（Commune）和村（Commune rurale）四级。近十多年来，乍得全国行政区划几经变更。1999 年以前，全国分为 6 大区 14 省；1999 年将 14 省改为 28 省；2002 年全国划分为 18 个大区，下辖 57 个省级单位；2008 年，全国划分为 22 个大区。目前，根据 2012 年 9 月 4 日总统法令，全国划分为 23 个大区（见表 1 - 1），每个大区的最高行政长官由中央政府任命。

表 1 - 1　乍得行政区划

	大区	大区首府	所含省份
1	巴塔（Batha）	阿提（Ati）	东巴塔（Batha Est），西巴塔（Batha Ouest），菲特里（Fitri）
2	沙里 - 巴吉尔米（Chari-Baguirmi）	马塞尼亚（Massenya）	巴吉尔米（Baguirmi），沙里（Chari），卢沙里（Loug-Chari）
3	哈吉尔 - 拉米斯（Hadjer-Lamis）	马萨科里（Massakory）	达巴巴（Dababa），达嘎纳（Dagana），哈拉孜阿尔比亚尔（Haraze Al Biar）
4	瓦迪菲拉（Wadi Fira）	比尔廷（Biltine）	比尔廷（Biltine），达尔塔马（Dar Tama），伊里巴（Iriba），梅格里（Mégri）
5	加扎勒干河（Bahr El Gazel）	穆索罗（Moussoro）	北加扎勒干河（Barh El Gazel Nord），南加扎勒干河（Barh El Gazel Sud），西加扎勒干河（Barh El Gazel Ouest）
6	博尔库（Borkou）	法雅（Faya）	博尔库（Borkou），博尔库亚拉（Borkou Yala）
7	东恩内迪（Ennedi Est）	安贾拉斯（Amdjarass）	安贾拉斯（Amdjarass），瓦迪哈瓦尔（Wadi Hawar）

续表

	大区	大区首府	所含省份
8	西恩内迪（Ennedi Ouest）	法达（Fada）	法达（Fada），穆尔查（Mourtcha）
9	盖拉（Guéra）	蒙戈（Mongo）	巴尔西格纳卡（Barh Signaka），盖拉（Guéra），阿布图约（Abtouyour），芒嘎勒梅（Mangalmé）
10	加奈姆（Kanem）	马奥（Mao）	北加奈姆（Nord Kanem），加奈姆（Kanem），瓦迪比萨姆（Wadi Bissam）
11	湖（Lac）	博尔（Bol）	马姆迪（Mamdi），瓦伊（Wayi）
12	西洛贡（Logone Occidental）	蒙杜（Moundou）	多杰（Dodjé），维湖（Lac Wey），恩故尔果索（Ngourkosso），盖尼（Guéni）
13	东洛贡（Logone Oriental）	多巴（Doba）	恩雅蓬德（Nya Pendé），蓬德（Pendé），拉姆山（Monts de Lam），恩雅（Nya），东库（Kouh-Est），西库（Kouh-Ouest）
14	曼杜尔（Mandoul）	库姆拉（Koumra）	巴尔撒拉（Barh Sara），西曼杜尔（Mandoul Occidental），东曼杜尔（Mandoul Oriental）
15	东凯比河（Mayo-Kebbi Est）	邦戈尔（Bongor）	马约伯奈（Mayo-Boneye），卡比亚（Kabbia），伊里山（Mont d'Illi），马约雷米耶（Mayo-Lémié）
16	西凯比河（Mayo-Kebbi Ouest）	帕拉（Pala）	雷勒湖（Lac Léré），马约达拉（Mayo-Dallah），马约班德（Mayo-Binder）
17	中沙里（Moyen-Chari）	萨尔（Sarh）	巴尔高（Barh Kôh），大西洛（Grande Sido），伊洛湖（Lac Iro）
18	瓦达伊（Ouaddaï）	阿贝歇（Abéché）	阿布迪（Abdi），阿苏嘎（Assoungha），瓦拉（Ouara）
19	萨拉马特（Salamat）	安提迈（Am Timan）	阿布得亚（Aboudeïa），巴尔阿祖（Barh Azoum），哈拉则芒盖涅（Haraze-Mangueigne）
20	达尔西拉（Dar Sila）	戈兹贝达（Goz Beïda）	吉米提（Kimiti），迪乌如夫阿尔阿玛尔（Djourouf Al Ahmar）
21	坦吉莱（Tandjilé）	拉伊（Laï）	东坦吉莱（Tandjilé Est），西坦吉莱（Tandjilé Ouest），中坦吉莱（Tandjilé Centre）
22	提贝斯提（Tibesti）	巴尔达伊（Bardaï）	东提贝斯提（Tibesti Est），西提贝斯提（Tibesti Ouest）
23	恩贾梅纳市（Ville de N'djamena）	恩贾梅纳（N'djamena）	划分为10个区

五　国旗、国徽和国歌

乍得于 1960 年 8 月 11 日独立，自独立之日起一直使用蓝、黄、红三色旗为国旗，三个大小相等的蓝、黄、红长方形从左到右并列。蓝色象征着乍得人民的自由如同浩渺的穹宇，黄色代表黄金和财富，红色象征着为了乍得前仆后继而捐躯的勇士的鲜血。

乍得共和国 1975 年制定国徽，中心的盾形由黄、蓝两色波纹线构成，代表乍得最主要的自然特征：美丽宁静的乍得湖及其他水系和丰富的矿产资源。盾徽左侧绘有一头黄色山羊，表明乍得是一个以畜牧业为主的国家；右侧的雄狮是当地特有的野生动物。盾顶部是升起的太阳，寓意太阳照亮乍得前进的道路，国家定会蒸蒸日上、繁荣兴旺。盾徽基部的黄色饰带上写着乍得的箴言："团结、劳动、进步"。

1960 年乍得独立，《乍得曲》（又译作《乍得人民》）成为乍得国歌。国歌由耶稣会路易·纪德罗尔（Louis Gidrol）神父及其学生作词，保尔·维拉尔（Paul Villard）神父作曲。歌词大意如下：

哦，我的祖国，愿上帝保佑你！
愿你的邻居喜爱你的儿女。
快乐，和平，高歌前行，
忠于祖先，祖先凝望着你。

北方民族，带着无尽的羊群，
南方民族，耕耘着田地。

牧羊人，山里人，渔夫，商人，
融为一体，共同前进。

手持锄头，勇敢结绳，
看着你饥饿的孩子，
你面前的田野等待播种，
愿油流成河，愿谷仓满溢。

你的工程师们将为你开路，
你的医生们将给你健康，
勤奋学习，无惧付出，
把无知和痛苦抛在一旁。

（副歌部分）
乍得人民，站起来奋斗！
你曾经征服大地获得权利，
你的自由将诞生于你的勇气，
睁开眼，未来将属于你。

六 人口

根据世界银行 2013 年的统计数据，乍得人口为 1283 万，人口密度为每平方千米 9.9 人，人口年增长率为 3%。乍得人口平均寿命为 53 岁，0～14 岁的人口占总人口的 48.4%，15～64 岁的人口占 49.2%，65 岁及以上的人口占 2.6%，青年人口所占比例相当高。此外，乍得男女人口比例平衡，女性占总人口的 49.9%。2012
年劳动力总数约为485 万。2016 年，乍得人口增长到 1445 万左右。

乍得城市人口约占 27%，主要集中在首都恩贾梅纳地区。全
国人口密度北方小，南方大。一半以上的人口生活在占国土面积
1/5 的南方地区。此外，乍得还生活着一些来自苏丹、中非共和国
和尼日利亚等国的难民。

七　民族

乍得是非洲大陆上少数几个黑种人和阿拉伯人长期混居的地区
之一，仅凭其肤色和外貌特征较难判定族群归属。全国有大小部族
256 个。南部居民主要为萨拉族（Saras），此外还有马萨族
（Massa）、蒙当族（Moundang）、科托科族（Kotoko）等；中部和
北部主要为阿拉伯人和图布族（Toubou）；中东部有马巴族
（Marba）、巴吉尔米族（Baguirmien）和布拉拉族（Boulalas）等。
人口较多的民族主要有萨拉族、阿拉伯人、瓦达伊族（Ouaddai）
等 12 个。

（一）萨拉族

萨拉族是乍得南部主要部族，也是乍得最大部族，约占总人口
的 30%。"萨拉"这一名称来自法国殖民者，也有人认为来自阿拉
伯人，意为古埃及太阳神"拉"之子。该部族主要分布在东洛贡、
西洛贡、中沙里三个大区，以及东凯比河大区、西凯比河大区南
部，坦吉莱大区东部。部族有 12 个分支，包括恩冈巴耶、姆巴耶、
古拉伊、马金加耶、卡巴、尼埃利姆、纳尔、达伊、恩加纳等。根
据考证，萨拉族人先祖为尼罗河谷的努比亚人，身材高大、强健，
主要从事农业生产，种植的作物包括高粱、木薯、棉花等，历史上

经常与前来劫掠的北方阿拉伯游牧民族作战。1922～1934 年，很多萨拉族人被法国殖民者征募修建刚果大洋铁路（布拉柴维尔至黑角）。二战期间，一些萨拉族人还参加了"自由法国"的军队。乍得共和国第一任总统恩加尔塔·托姆巴巴耶（Ngarta Tombalbaye）即为萨拉族人。萨拉族人主要信奉天主教，其语言萨拉语属尼罗 – 撒哈拉语系。

（二）阿拉伯人

阿拉伯人主要分布在乍得中部巴塔、沙里 – 巴吉尔米、萨拉马特等三个大区，部分居住在乍得西部。最早一批阿拉伯人于 8 世纪来到乍得盆地，此后有三次较大规模的人口迁徙，他们构成了乍得阿拉伯人的三个主要部族。14～19 世纪，乔埃纳部族为逃避埃及国内迫害，从尼罗河河谷来到乍得；阿萨乌纳部族从北方来到乍得；乌雷斯利芒部族也从北方来到乍得，他们是乍得阿拉伯人中肤色最浅的。阿拉伯人来到乍得后主要从事游牧活动，并广泛传播伊斯兰教和推广阿拉伯语，为争夺水草丰茂之地，常与在南部定居的农民发生冲突。

（三）图布族

图布族主要分布在中部和北部沙漠地区，约占乍得人口的 5%。由于与阿拉伯人混居，很多图布族人具有阿拉伯血统。图布人中最著名的是扎卡瓦人，他们于 850 年来到乍得西部的加奈姆，建立了铁达王朝。

（四）中部和东部的居民

乍得中、东部的加奈姆大区和乍得湖沿岸定居着众多部族，其中人口较多的有马巴族、哈吉拉耶族（Hadjeray）和布拉拉族等。

马巴族是瓦达伊苏丹统治地区（大致是现在的瓦达伊大区）

的土著人，约占乍得人口的 5%。

哈吉拉耶族定居在乍得湖中部的山区，约占乍得人口的 5%。这些部族由于瓦达伊族和阿拉伯人的侵入而迁居至此。

布拉拉族于 14 世纪初从加奈姆迁移到哈吉尔－拉米斯地区的乍得湖南岸定居，之后同阿拉伯人杂居，约占乍得人口的 2.5%。

八　语言

在多民族的环境中，多语言也成为乍得社会文化生活的重要特征。乍得共有 130 多种语言，分别隶属于亚非语系、尼罗－撒哈拉语系、尼日尔－刚果语系等不同语系，但其中拥有 5 万以上使用者的语言仅有 18 种。

乍得宪法规定，法语和阿拉伯语为乍得的官方语言。精英阶层和受过高等教育的人群一般使用法语，能够听懂法语的乍得人不超过 30%。法语在南方作为第二语言使用较为广泛。法语是政府的工作语言，几乎所有的官方文件都使用法语书写。法语也是经贸活动的通用语言。约 10.3% 的人口（主要在北方）使用乍得化的阿拉伯语。乍得民族语言中使用最广泛的是萨拉语（10.3% 的人口使用），其次是加奈姆语（Kanembou，5.3% 的人口使用）、达扎语（daza）、马巴语（Maba）、马萨语（Masa）、蒙当语（Moundang）等。

多语言格局无疑给乍得社会运行和民族共处带来了一些客观障碍。但对于乍得学生来说，要在学校学会非母语的法语和标准阿拉伯语，具有一定的难度。

此外，由于民族分布与非洲国家之间的人为边界划分并不相吻合，有些语种也在乍得的邻国使用，比如姆拜语（Mbai）在中非和喀麦隆，莫西语（Mosi）和图普里语（Tupuri）在喀麦隆，卡努里语（Kanouri）在尼日利亚和喀麦隆都有人数不一的使用者。

第二节 宗教和民俗

一 宗教

乍得是世俗国家，宪法确立了政教分离的原则，保障公民宗教信仰自由和宗教平等。

乍得是个多宗教国家。根据美国中央情报局（CIA）网站发布的数据，乍得居民中 53.1% 的人口信仰伊斯兰教，20.1% 的人口信仰天主教，14.2% 的人口信仰新教。此外，还有约 10% 的人口信仰原始宗教，大多分布在乍得中部和南部地区。

（一）伊斯兰教

乍得位于北非和撒哈拉以南非洲的交界处，是重要的战略通道，所以伊斯兰教的传入要早于其他的西非国家。

伊斯兰教最早从西北方向传入乍得。公元 8 世纪，图布人在此建立了加奈姆王朝。一些来自摩洛哥、突尼斯、马里和尼日尔信仰伊斯兰教的商人逐渐来到乍得，带来了伊斯兰教。他们的知识和文化对当地人的宗教信仰产生了影响，使他们得以与部落首领们建立紧密的互相信任关系。因此，伊斯兰教最初影响到的是城市和宫廷，并逐渐形成了一些教团。到 11 世纪时，国王乌梅（Houmé，1085～1097 年在位）改信伊斯兰教。虽然乌梅之前的国王没有正式信仰伊斯兰教，但是一些有文化的伊斯兰信徒已经给加奈姆的国

王和贵族们解读了《古兰经》的重要段落。12 世纪时，加奈姆王国向南发展，伊斯兰教也随之进一步传播到巴吉尔米和瓦达伊族生活的区域，传播范围仍仅限于宫廷和上层贵族，并形成了一些教团，如赛努西教团（Senoussia）。19 世纪初，奥斯曼·丹·福迪奥（Uthmandan Fodio，1754~1817 年）在尼日利亚建立了政教合一的富拉尼帝国，也对乍得产生了较大影响。19 世纪末 20 世纪初，来自东部的阿拉伯游牧民族带来了比较贴近民众的伊斯兰教义，伊斯兰教得到进一步的发展，南部黑人部族也逐渐开始伊斯兰化。在这个过程中，外来的阿拉伯人和当地黑人的杂居及通婚，形成了一些信奉伊斯兰教的新部族。同时，已经接受伊斯兰教的部族同其他部族的接触、联盟或者在政治上的联系，也从不同程度上扩大了伊斯兰教的传播。

但总体来看，伊斯兰教在乍得的传播比较缓慢，其进程也受到了法国殖民主义的影响。19 世纪末，法国殖民者入侵乍得，与伊斯兰教产生了冲突。北部居民在赛努西教团领导下，进行了多年的武装斗争。殖民者迫于形势，对伊斯兰教采取了宽容政策，在一些地区保留伊斯兰教法为地方行政管理法，并允许穆斯林酋长作为政教合一的领袖存在。南方居民则信仰基督教者较多。第二次世界大战期间，法国人开放边界，允许阿拉伯商人自由进出后，有些地区的居民改信伊斯兰教。

乍得独立后，政府比较重视宗教问题，注意团结穆斯林集团的势力。但自 1965 年开始，北方居民反抗政府的苛捐杂税，发动了反政府的武装斗争，逐渐形成了以穆斯林为主的北方（乍得95% 以上的穆斯林集中在乍得的北部和东部地区）同以南方基督教徒为主的政府派之间的斗争，成为导致乍得长期动荡不安的因素之一。

目前，乍得全国有 200 多座清真寺，以首都恩贾梅纳的大清真寺规模最大，可容纳 1000 多人，该清真寺于 1978 年竣工，由沙特阿拉伯援建。

乍得是伊斯兰会议组织、世界伊斯兰大会、伊斯兰世界联盟等伊斯兰教国际性组织的成员国，与阿拉伯国家有着广泛的联系和交往，积极参加国际伊斯兰教事务。

（二）基督教

20 世纪初，伴随着法国在乍得的殖民活动，天主教开始在乍得传播，第一批天主教传教士来到恩贾梅纳一带活动。1929 年，来自乌班吉沙里（中非共和国的旧称）的圣灵会传教士在库城（Kou）建立了第一个天主教中心。1947 年，天主教传教活动变得更为活跃起来，主要吸引了较年轻的城市居民，尤其是中上阶层。从区域上看，乍得南方和中部受天主教影响较大，信徒众多，而北方的天主教徒人数少，而且往往是来自南方的移民。乍得天主教大主教区设在恩贾梅纳。1999 年 1 月，教皇保罗二世曾访问乍得。

20 世纪 20 年代，第一批新教传教士来到乍得南部地区。先是美国传教士，后有西方其他国家的传教士来到乍得传教。新教在乍得主要有福音派教会、乍得福音派传教团、路德宗兄弟会等。新教教会还开办了学校、医院和孤儿院等机构设施。新教信徒人数相比天主教信徒要少。

（三）原始宗教

乍得约 10% 的人口信奉传统的原始宗教，不同的民族信仰、供奉的对象也不同。比如，耶迪耶人信奉水神，布拉拉人用白牛祭水神，巴吉尔米人信仰土地神，科托科人崇拜某些树木和石头，而瓦达瓦人和塔马人则信奉山神。

乍得南方的萨拉族多数人信仰天主教，也有少数人信仰伊斯兰教，还有部分人供奉祖先和图腾。勇杜祭礼（Yondos）是萨拉族人的一种传统的成年礼仪式。一开始，行成年礼的孩子需裸体，全身抹成赭色，他不能说话，也不能通过打手势交流。人们就像对待新生儿一样对待他，长者会扶着他行走。之后人们通过一系列的宗教仪式，培养孩子忍受痛苦、尊重长辈、排斥暴力等品质，使其以成人的身份重生。仪式完成后，孩子重新回到家庭，换一个新的名字，他从此必须参加祭祖的狩猎仪式等活动。但是这一仪式仅仅针对男性，女孩的成年礼则是割阴礼。

二　节　日

乍得主要世俗节日如下：1月1日元旦，5月1日国际劳动节，8月11日乍得国庆节，11月28日乍得共和国成立日，12月1日乍得自由民主日。

与其他伊斯兰国家一样，乍得伊斯兰教徒庆祝圣纪节（伊斯兰教历3月12日，穆罕默德诞辰）、开斋节（斋月结束次日，这一天人们一般要去清真寺做礼拜，亲朋好友之间也要相互登门道贺）和宰牲节（伊斯兰教历12月10日，是宰牲献祭的节日）。宰牲节前需要准备健壮牲口（骆驼、牛或羊），节日当天先戒食半日，举行盛大会礼仪式和庆祝活动后，开始宰牲，宰牲肉分三份，一份自用，一份馈赠亲友，一份施舍穷人。

乍得基督教徒庆祝的节日主要有复活节、万圣节和圣诞节等。

三 民俗

(一) 服饰

乍得人的服饰与西非和中非地区很多气候炎热的国家相似。男性喜着具有乍得特色的无领棉质长袍，长及脚面，类似阿拉伯白色长袍，比较透风清凉。妇女的传统服装也以袍装裙装为主，花色艳丽，色彩鲜亮。各民族妇女有自己的传统银质头饰和颈饰。另外，乍得人还有纹面风俗。各民族会在脸部不同的部位纹上自己喜好的图样，通常在额部、颧骨部位和鼻子部位。

乍得信仰伊斯兰教的妇女一般遵循伊斯兰习俗，用黑纱遮面。因为烈日暴晒和风沙，乍得北方沙漠地区的男性也会用黑布裹面或缠头。

(二) 传统民居

地形、气候、经济条件方面的差异造成了乍得各民族有不同的居住方式。广大的游牧民族随水、草而居，往往以帐篷为家。也有很多人就地取材，用当地常见的椰枣枝叶搭成篷屋。乍得北方沙漠地带，昼夜温差大，经济水平较低，百姓的住所是有墙无顶的居室，居民白天将椰枣树的大叶覆盖其上用于遮光挡热。

乍得农村多有泥制房屋，其中，蛋形屋很有特色。其底部直径约 4 米，墙体下厚上薄，厚处有 20～30 厘米，到顶部厚度仅 3～4 厘米。从底部到顶部高 5～7 米。房屋两头窄中间宽，从高处俯视，呈蛋形。

(三) 婚俗

一夫多妻制在乍得比较盛行。乍得现行法律规定，妇女可在结婚契约中写明拒绝一夫多妻。法律还禁止妇女割礼，但在实际生活中割礼仍然广泛存在。

在乍得的某些地区还存在一些令人吃惊的风俗。比如新婚女性在婚后一周内每天受到丈夫家人的鞭打，甚至有人因此失去生命。这种旧俗受到很多女性主义者的批评。

（四）传统乐器

乍得各个民族都拥有自己特有的乐器。萨拉人常用笛子、巴拉风（balafon，即木琴）、竖琴和库卓（kodjo）鼓等；加奈姆布人则以长笛类乐器配合敲击乐器演奏。乍得较流行的乐器中有一种叫作青德（kinde）的竖琴和长 3～4 米的卡卡其（kakaki）号角及胡胡弦（hu hu）。

（五）部落生活

乍得很多民族还在一定程度上保持着部落生活的状态。部落相互独立，有自己的酋长。酋长扮演着族人和天神之间联系人的角色，有绝对的权威，负责主持各种仪式和祭典。酋长得到部落长者的协助，维持部落的稳定团结。每个部落保持着自己的传统和习俗，有自己的传统面具和禁忌。这些禁忌往往与其祖先相关。比如，如果祖先曾经以蜥蜴的形态显灵，那么部落就不能吃蜥蜴。

四　礼仪和饮食习惯

乍得国内半数居民信奉伊斯兰教，与他们交往时需尊重穆斯林风俗习惯。乍得人相互见面时互致问候并握手，穆斯林见面则互致"萨拉姆"（意为"和平、平安"），较亲密者可以拥抱。穆斯林男子一般着长衣、戴白帽，女子则身穿长衣，头戴面纱或"盖头"。非穆斯林民众衣着则较多样。

在国际交往中，乍得人也习惯行握手礼，称男性客人为先生，称女性朋友为夫人、女士、小姐。

饮食方面，乍得人以薯类、高粱以及肉类为主。餐馆里的常见食物有煎蛋卷、肝脏、沙拉、烤肉、鱼等，软饮料包括新鲜果汁和类似冰沙的水果调制品。酒吧里最受欢迎的饮料是啤酒。一种用小米酿造的啤酒"bilibili"比较有特色。伊斯兰教信徒不食猪肉，禁酒。非穆斯林则无太多禁忌。

丧葬礼仪则依个人信仰而定，主要为穆斯林葬礼和基督教葬礼。

第三节　特色资源

一　著名城市

（一）首都恩贾梅纳

乍得首都恩贾梅纳，1973 年之前又称拉密堡（Fort-Lamy），是乍得最大的城市，同时本身也是具有特别地位的大区。在行政上，恩贾梅纳划分为 10 个区。恩贾梅纳位于东一区，和北京的时差为 7 个小时。

恩贾梅纳位于西部边境洛贡、沙里两河汇合处东北侧，面积 15 平方千米，人口约 51 万。恩贾梅纳属热带草原气候，1 月份平均气温 23.9℃，7 月份平均气温 27.8℃，年平均降水量 744 毫米。

恩贾梅纳历史上是撒哈拉沙漠南缘商队贸易重要的中转站。1900 年法国在此建立军事据点，取名拉密堡。1920 年起成为殖民首府。1960 年乍得独立后定拉密堡为首都，1973 年改名为恩贾梅纳。

恩贾梅纳是乍得的交通枢纽，干线公路通往全国主要城市和尼日利亚、中非、喀麦隆、苏丹等邻国，有全国最大的河运码头和唯一的国际航空港，即恩贾梅纳国际机场。

恩贾梅纳是全国政治中心。由于人口的快速增长和与喀麦隆边境贸易往来的增加，恩贾梅纳的经济地位有所上升，目前集中了相当一部分新建工业企业，有规模较大的榨油、面粉、纺织和肉类加工厂，还有制糖、制鞋、自行车装配等领域的中小企业。恩贾梅纳发电厂是全国最大的电厂。

在城市规划方面，市中心区为政府机关所在地，街道布局规整，多欧式建筑，为西方人居住区，有豪华宾馆和别墅。东区为文教区，乍得大学、各类技术学校、博物馆、各类研究所、体育场和医院等都集中在此。北区范围最大，是本地人聚居地和商业区。西北部为工厂区，有大型屠宰和冷藏场、石油库等。因为气候炎热，城市中常见植物有猴面包树和低矮灌木。沙里河流经首都，为其增色不少。

位于恩贾梅纳的乍得国家博物馆成立于 1962 年，陈列有丰富的 9 世纪时的文物、石雕艺术品、民族乐器等藏品。除国家博物馆外，恩贾梅纳比较有名的景点还有戴高乐大街、恩贾梅纳大教堂、恩贾梅纳大清真寺和中心市场。中心市场是首都最热闹的区域，各式色彩鲜艳的服装、家庭日用品和工艺品均有出售，在此购物时需注意，商品虽都明码标价，但仍有议价空间。

根据美世（Mercer）2014 年发布的全球 211 个城市生活成本排行榜，恩贾梅纳位列第二。2016 年，恩贾梅纳降至第九位。

1997 年 4 月，恩贾梅纳和中国广西壮族自治区柳州市缔结为友好城市。

（二）经济中心蒙杜

蒙杜是西洛贡的首府，位于乍得南部洛贡河畔，距离首都恩贾梅纳约 500 千米，是乍得最年轻的城市，由法国殖民者在 1924 年建立，此前是一个农渔村庄。

蒙杜是乍得经济中心，在发现石油之前，棉花的加工和出口是蒙杜的支柱产业。蒙杜附近的西洛贡区和东洛贡区都是重要的石油开采区。此外，啤酒业和烟草业在蒙杜工业中也占据一席之地。蒙杜的啤酒品牌"盛宴"（Gala）在乍得本土和邻国喀麦隆是高端啤酒的代名词。

蒙杜大学创立于 2008 年，是该市唯一的大学。同年，蒙杜还创办了一所企业技术学院。蒙杜建有机场，并有公路直通喀麦隆城市恩冈代雷（Ngaoundéré）。

对游客而言，蒙杜的市场值得一游。蒙杜的手工制品中心有比较精美的木雕制品。

2007 年，蒙杜和中国上海建立了友好城市关系。

二 旅 游 资 源

乍得是内陆国家，经济落后，旅游业非常不发达。除了首都恩贾梅纳比较有限的旅游资源以外，乍得还拥有为数不多的其他具有旅游价值的景点。

（一）萨尔

萨尔原名阿尚博堡（Fort-Archambault），于 1972 年改为现名，是乍得第三大城市。萨尔是中沙里区首府，位于乍得南部沙里河畔，是乍得的商业中心和棉花加工中心，也是乍得糖业公司（la Compagnie sucrière du Tchad）所在地。萨尔有公路与首都恩贾梅纳相通，郊区还有国际机场。萨尔附近有许多野生动物，是全国著名的狩猎区和旅游胜地。

（二）扎科马国家公园

扎科马国家公园面积为 30 万公顷，是乍得最大的自然保护区。公园里有狮子、羚羊、大象、长颈鹿、水牛等动物，是观光游览的好去处，也是中部非洲研究野生动物的生活习性和生态学的最佳场所之一。

（三）基得亚野生动物保护区

基得亚野生动物保护区位于首都与乍得湖之间，生活着各种热带草原动物，有简单的旅游设施供旅客休息，风景优美，有较高的观光价值。

此外，在恩贾梅纳南面 35 千米的曼代利亚，还有专门开辟的大象保护区。

（四）乍得湖

乍得湖是非洲的第四大湖泊，为近 2000 万的周边居民提供水源。湖区占地上万平方千米，湖中有许多小岛，水面开阔，风光优美。湖里淡水鱼种类丰富，游人可观赏到当地渔民撒网捕鱼的劳动景象。部分湖岸有大象、河马和鸵鸟等野生动物出没，自然生态保护得较好。

（五）雷勒湖

雷勒湖位于乍得西南的西凯比河区，是世界上两处有海牛聚居的湖泊之一。雷勒湖以盛产鲤鱼著称，当地人多用烟熏、炸或炖的烹调方法加工处理，是当地的日常菜品之一。

雷勒湖周边的传统民俗文化也是该地一大特色。当地的蒙当族信奉万物有灵论并一直保持着先祖流传下来的传统。

（六） 恩内迪沙漠

恩内迪沙漠位于乍得东北的恩内迪区，面积与瑞士相当，其极具特色的广阔高地和大漠风光在撒哈拉地区非常罕见：陡峭的绝壁、曲折的峡谷、砂岩高原、令人向往的无尽沙地、成群的骆驼、绿洲、罕见的沙漠鳄以及史前壁画与遗迹。

恩内迪沙漠是人类发源地之一，分布着史前人类曾居住过的洞穴与住所。洞穴内可以找到上千处雕刻与壁画，这里也因此成为考古爱好者常去的景点之一。

第二章

历　史

乍得历史悠久。最新考古资料表明，乍得很可能是人类起源的摇篮之一。然而，乍得的历史充满了动荡和冲突。

第一节　上古简史

一　"图迈"（Toumaï）的发现

700万年前，乍得所在的撒哈拉一带水源丰富、植被茂盛，生活着很多远古动物。乍得境内很早就开始有人类居住。公元前12000年到公元前约500年，乍得地区的气候、地理条件适宜人类居住，来自北方、南方和东边的移民先后安居于此，最初以打猎捕鱼为生，后逐渐定居并从事农耕活动。不同时期的壁画和陶器记录了人类活动从狩猎到耕种的变迁，还反映了约公元前500年，曾有来自东非的单峰驼出现在乍得。

乍得最重要的考古发现当属法国和乍得联合考古队2001年所发现的人类头盖骨化石"图迈"。这支考古队由法国普瓦蒂埃大学古生物教授米歇尔·布鲁内（Michel Brunet）领导，从1993年起就在乍得沙漠进行考古发掘。1995年，布鲁内教授在乍得科罗托罗（Koro Toro）发现了 350 万年前的人类颚骨化石，将其命名为阿贝尔（Abel）。2001 年 7 月 18 日，该考古队在距离恩贾梅纳 800 千米的朱拉卜（Djourab）沙漠发现了一些黑色"石头"，将其带回逐一辨认，发现其中有一块头盖骨化石，还有三颗牙齿和两块颌骨化石。十余国考古学家经过认真研究，确认这些化石为 700 万年前的人类化石，其中的头盖骨化石是迄今为止发现的人类最古老的头骨化石，并将对应的原始人命名为"萨赫勒乍得人"。乍得总统代比（Idriss Deby Itno）给头骨起名为"图迈"，此名在乍得的戈兰语（Gorane）中意为"生命的希望"。

　　"图迈"的头颅比较小，仅仅为 320～380 立方厘米，接近黑猩猩，但是仍然比 20 世纪在非洲发现的其他原始人头盖骨要大，其眉弓突起较高，下颌突起不明显，脸部比较平，接近原始人的特征。根据科学家的推测，"图迈"身高约 1.2 米，体重 30 公斤左右，生活在湖边或河边的森林里，食用浆果和根茎。

　　2002 年 2 月 10 日，考古队举行新闻发布会，宣布其重大发现，其报告同时在具有权威性的英国《自然》杂志上发表。布鲁内推测，700 万年前，"图迈"生活在乍得湖畔及沙漠边缘，当时湖中和湖畔应该有大量的动物。考古队决定继续发掘，7 月 19 日，在同一个沙丘处，考古小组发现了近 10 种鱼化石，以及龟、蜥蜴、蛇等化石，为确定"图迈"的年代进一步提供了参考依据。科学家们认为，"图迈"非常有可能就是人类的祖先。乍得考古的新发现丰富了人们对于人类历史的认知，考古学家们发现的乍得人、埃塞俄比亚人、肯尼亚人在同一区域，证明非洲是人类重要的发源地，也是人类文明的摇篮。

二　萨奥文化

　　乍得地区是非洲古代文化中心之一。最早居住在乍得地区的居民是属于黑色人种的萨奥人（Sao），他们从事农业生产，具有较高的文化。他们创造的萨奥文化，不仅是乍得早期历史的见证，也是非洲黑人文明的重要组成部分。萨奥文化以陶土制品为主，也有青铜器和铁制品。公元前 1000 年前后，萨奥人就开始制造和使用赤陶器皿，因技术先进而被称为"黏土民族"，后逐渐开始使用铜器。萨奥人不论男女，均体格高大强壮。他们以城邦的形式聚居。关于萨奥人的记载最早出现在阿拉伯人的文字里，据称公元前 2000 年，萨奥人就与埃及人保持着持续的联系。

　　7 世纪时，萨奥人居住在乍得湖西北各大河流的河谷区域。10 世纪时，他们已经占据了包括乍得中部菲特里湖在内的沙里河东面大片地区。从 8 世纪开始，阿拉伯人陆续进入乍得地区，与一部分萨奥人杂居在一起。另有一部分萨奥人后来被卡努里人驱逐到乍得湖以南和以西地区。现在的科托科人就是萨奥人的后裔。在沙里河流域还留存不少古代城堡，如阿发代、加乌伊、古尔费、富罗堡、马卡里、乌利奥等。

第二节　中古简史

　　9 ~ 17 世纪，在乍得地区先后出现了加奈姆 - 博尔努 （Kanem-Bornou）、瓦达伊 （Ouaddaï）、巴吉尔米 （Baguirmi） 等比较强大的王国。各地区 （主要在南方） 还有一些小王国，如蒙当人在雷勒湖畔、图布里人在现在喀麦隆边境附近地区建立的小王国。它们同样经历了伊斯兰化的过程，向强大的王国进贡，但也保持着一定的独立。

本节将重点介绍加奈姆－博尔努、瓦达伊、巴吉尔米这三个最为强大的王国。

一　加奈姆－博尔努王国

8世纪，乍得北方的铁达人（Teda）建立了加奈姆王国，最早建都于乍得湖西北面的恩吉米（Ndjimi）。11世纪时，卡努里人乌梅（Oumé）就任国王时，改变了原来的信仰，信奉伊斯兰教，引入了伊斯兰法律，并派学生赴开罗学习伊斯兰教义。国王重用文人，不断树立王族威望。当时，伊斯兰教在乍得地区的传播促进了该地区政治、经济、文化的发展，为加奈姆国家向四周扩张和兼并提供了有利条件。

杜纳马一世（Dounama 1er，1097～1150年）时期，国王沿袭乌梅的政策。这一时期，他的政权受到了铁达人、萨奥人和布拉拉人的质疑。加奈姆的势力很快伸展到乍得北部的提贝斯提高原，西到乍得湖以西的博尔努，北伸至比耳马（今尼日尔共和国境内），并且一度将北边利比亚的费赞和西面豪萨人的卡诺王国（今尼日利亚北部地区）划归自己的版图。

加奈姆王国鼎盛于杜纳马·狄巴拉米（Dounama Dibalami，1220～1259年）时期，版图扩张到了费赞和尼罗河流域，与北非伯伯尔部落首领们保持着联系。杜纳马·狄巴拉米两次到沙特阿拉伯的麦加朝圣，在第二次朝圣途中去世。在他的统治下，王国内战频仍。他去世后，加奈姆王国迅速陷入分裂和混战。到14世纪末，加奈姆国王被迫放弃加奈姆，迁往乍得湖以西的博尔努地区，于

1395 年建立了博尔努王国。

从 15 世纪后期开始，博尔努的历任国王逐步收复故都恩吉米等失地，力图实现加奈姆的复兴。1571 年，伊特利斯·阿拉奥马（Idriss Alaoma）上台执政，建立了加奈姆－博尔努王国，这是博尔努历史上的全盛时期。阿拉奥马曾向突尼斯派遣使节，通过沙漠商队购置了大批火枪，创建了一个火枪队，聘请土耳其教官训练这支军队。他对萨奥人、布拉拉人和图阿雷格人等沙漠民族发动战争并获胜，并努力保持帝国的和平和统一。阿拉奥马还是一位精明的外交家，他与阿拉伯国家和奥斯曼帝国发展了往来关系。他在王国内部推动了伊斯兰化的深入，兴建清真寺，使宗教成为统治的重要工具，还效仿奥斯曼帝国，发展中央集权。

1596 年，阿拉奥马在一次战役中身亡。在此后近 300 年中，加奈姆－博尔努王国通过贸易，尤其是奴隶贸易，竭力保持着自己的繁荣，直到 1900 年法国殖民者入侵。这一时期也是以乍得为中心的中非地区南北方和东西方之间人员交流、贸易往来非常频繁的一个时期。

加奈姆－博尔努王国不断完善和巩固政治和社会结构，逐步建立起封建统治和严格的特权制度。阿拉伯旅行家伊本·巴图塔（Ibn Battuta）曾写道："博尔努的王子从来不出现在公众面前，跟人说话时也隔着帘子。"加奈姆－博尔努王国的国王是世袭的，是国家最高首领。在国王以下，有一个由宫廷大臣、掌握地方统治权的高级官员和伊斯兰教教长组成的国事会议掌握国家大权。全国划分为若干省，由国事会议派出的高级官员直接统治，高级官员以下是部落酋长和村长。一般各地高级官员都指挥着一支地方军队作为他们的统治工具。

国家向百姓征收人头税维持开支，人头税由部落酋长和村长负责征收，然后层层上交给国家。王国的收入还来自被征服的各部落的进贡、对粮食和牲畜所征收的赋税等。国王掌管全国土地，他将土地分予部落酋长和村长，部落首领们将土地再分配给村民，并向他们征收捐税和劳役。牲畜归私人所有，牲口的出租和交换已是普遍现象。社会的基层组织是大家族。全家族最年长者统称"卡加"，一般由20人组成，"卡加"掌管全家族大事。

当时社会已经出现行业的分化和等级区别，如出现了专门从事纺纱、织布和制造染料的工匠。在卡努里人中，有专门从事赤陶工艺、接生等不同职业的人，他们为一般居民所歧视，并且不与普通居民住在一起，而是住在村庄外的帐篷里。

二　瓦达伊王国

15世纪，冬儒尔人（Toundjours）在瓦达伊地区确立了统治。但是瓦达伊王国真正兴起是17世纪初加奈姆－博尔努王国有所衰弱的时期。当时的加奈姆－博尔努王国被迫将西北部的一些边疆区域让予图阿雷格人。和巴吉尔米王国一样，瓦达伊王国趁加奈姆－博尔努王国衰微，在东部地区建立起独立的统治政权。

科尔多瓦的阿拉伯人（属迪阿利延部族）阿布德·凯里姆（Abdal-Karim）在巴吉尔米接受了一个珀尔苦行僧有关伊斯兰教方面的教育。之后，他回到瓦达伊，使几个原本信奉其他宗教的部族改信伊斯兰教，并借助于这些部族推翻了冬儒尔人的统治。阿布德·凯里姆成为瓦达伊王国的苏丹，建都乌阿腊（Ouara）。奴隶贸易是瓦达伊王国的经济支柱。

瓦达伊国王为建立自己的霸权，还发动了对巴吉尔米和加奈姆－博尔努王国的长期战争。1848 年，瓦达伊在库塞利（Kousséri）击败了加奈姆－博尔努。19 世纪末，它再次发动了对巴吉尔米的战争，占领了其首都马塞尼亚。与加奈姆－博尔努王国一样，瓦达伊王国也一直存在到欧洲殖民者入侵乍得。

瓦达伊王国和巴吉尔米王国的国家组织和社会结构，大体与加奈姆－博尔努王国相同。在这些王国中央政权的周围，有若干藩属国。这类小国可以保持自己的政权组织，但必须按照中央政权的规定纳贡。

三 巴吉尔米王国

瓦达伊王国于公元 17 世纪兴起于加奈姆－博尔努王国的东部，而巴吉尔米王国则于 16 世纪兴起于加奈姆－博尔努王国南部。三国之间持续不断争战，直至殖民时代。

巴吉尔米王国历史有记载的第一位国王是比尔尼·姆贝斯（Birni Mbesse）。他的继任者达拉·比尔尼（Dala Birni）于 1522 年定都马塞尼亚（位于今乍得首都恩贾梅纳东南 150 千米）。17 世纪中期，日益强大的巴吉尔米王国打败了加奈姆－博尔努、瓦达伊和达尔富尔王国（今苏丹共和国西部），疆土一直延伸到乍得北部的博尔库（Borkou），但不久即被瓦达伊和加奈姆－博尔努的联合进攻打败。18 世纪，作为加奈姆－博尔努王国附庸国的巴吉尔米相对稳定，经济也比较繁荣。但自 19 世纪初起，瓦达伊王国的扩张严重威胁了巴吉尔米，巴吉尔米处于加奈姆－博尔努和瓦达伊两大王国的双重占领之下，每年要同时向两国进贡，国势日衰。1894 年，其首都马塞尼亚遭焚烧。1897 年，巴吉尔米与法国殖民者签订了保护协议。

第三节　近代简史

一　西方探险家在乍得

从 15 世纪开始，欧洲和阿拉伯的航海家们就在大西洋和印度洋沿岸地区修建了城堡和贸易站，但由于自然条件和当地人民的反抗等原因，深入非洲腹地仍具有很大难度。直到 18 世纪初，探险家们才开始具备克服自然障碍和物资供给困难的条件。乍得地处非洲内陆，相比于沿海地区，受到殖民者的关注相对较晚。但是，乍得人控制着贸易要道，王国发展繁荣，加上乍得湖的吸引，进入乍得成为探险家和殖民者的主要目标之一。

1822 年，英国人邓海姆（Dixon Denham）少校和克拉珀顿（Hugh Clapperton）中尉由北非的黎波里第一次进入乍得，游历了加奈姆－博尔努和乍得湖沿岸的各个王国，并做了记录和报道。1823 年，他们受到加奈姆－博尔努苏丹的接见。后来，为了拉拢和讨好巴吉尔米王国，他们将两门大炮赠予巴吉尔米，供其进攻加奈姆－博尔努王国时使用。

1850 年，德国人巴特（Heinrich Barth）参加了英国人理查德森（James Richardson）的探险队，对加奈姆－博尔努和乍得湖的地形、历史、文化做了进一步的详细调查。随队旅行的还有一位地质学家欧文韦格（Adolf Overweg），他借助骆驼将拆开的船只驮载到乍得湖畔，再组装起来用于在湖上的航行。一路上，探险队发现了很多雕刻或画在岩石上的壁画。理查德森在探险途中死于疟疾，欧文韦格后来也在途中去世，只有巴特最终完成了在乍得湖上的航行，在周边地区进行了探险，并做了很多记录。1855 年，巴特回到伦敦，带回了大量的信息和资料。之后，巴特著有《在非洲北部和中部的旅行和发现》（5 卷）和《中非语言词汇》（2 卷），先后用德语、英语、法语出版，成为研究乍得等地区的重要文献。

1871 年，普鲁士国王也派遣了一名探险家——医生古斯达夫·那切加尔（Gustav Nachtigal）前往乍得。他穿过了提贝斯提，抵达加奈姆 - 博尔努王国，后来又在巴吉尔米和瓦达伊生活了数年，1875 年才返回德国。

二　英法德等国在乍得地区的争夺和妥协

19 世纪下半叶，西方殖民者从非洲沿海向内地深入，加快了探险和殖民的步伐，不同国家之间也存在一定的竞争，资源丰富、地理位置重要的地区往往成为关注和争夺的焦点。当时英、法、德三国都注意到了乍得在中西非的特殊地理位置。法国已经占据了西非和赤道非洲的广大地区，企图从加蓬和刚果向中非腹地深入，继续向北，开辟出连接西非、北非和赤道非洲属地的通道。英国已经控制了尼日利亚，想从尼日利亚北部进入乍得湖地区，向东推进到苏丹，乍得正在这条通道之上。而德国已经占领了喀麦隆地区，也计划将势力范围逐步扩展至毗邻的乍得湖地区。这三国之中，以法国进度最快。

为了缓和彼此之间的矛盾以及更好地推动殖民进程，英法德三国殖民主义者通过谈判，划分势力范围。英法两国首先互相做出妥协，英国以在西非的让步换取法国在东非对其的支持，而法国也不坚持独占乍得湖。1890 年 8 月，英法两国签订了协定，双方从尼日尔河的塞伊到乍得湖西岸的巴鲁划出一条分界线，线以北归法国

所有，线以南（即今尼日利亚）归英国占有。1894 年 3 月，法德
签署协定，德国获得从喀麦隆通向乍得湖的通道，法国则占领乍得
湖以东地区，此即今天乍得人为边界的起源。

三　法国殖民者的入侵和拉巴赫的英勇抗法斗争

从 1890 年到 1893 年，法国先后从赤道非洲向乍得派出三支武
装队伍进行军事征服，但是这三个考察队都遭到了以拉巴赫
（Rabih Fadl Allah-Rabah）为首的乍得武装部队的抵抗。

拉巴赫是 19 世纪末乍得地区各王国处于混战时出现的一位著
名人物。他是东苏丹喀土穆人，奴隶出身，曾经为一个埃及奴隶贸
易商人工作。1883 年，拉巴赫带着一些同伴一路西行。他意志坚
定，擅长筹谋，成功地组织起一支军队。1886 年，他向瓦达伊进
军未成。1890 年，他改变进攻策略，先进攻巴吉尔米。拉巴赫在
1893 年占领了巴吉尔米的首都马塞尼亚，并在同年击败了加奈
姆－博尔努，于 1894 年在加奈姆－博尔努的迪科亚（Dikoa）建
都。他组建了上万人的军队，并装备了比较现代的步枪，甚至拥有
数门炮。拉巴赫试图统一乍得的时期，也是法国殖民者入侵乍得的
时期。拉巴赫对待殖民者的态度是坚决不退让，成为乍得抵抗殖民
入侵的英雄人物。

1890 年 3 月，法国派出克朗彼尔（Paul Crampel）考察队，从
中非地区的班吉出发，于 1891 年抵达乍得地区沙里河流域的巴吉
尔米王国。但克朗彼尔出师不利，1891 年 4 月，他被拉巴赫率领
的反抗殖民侵略的群众打死。

随后，法国派出麦斯特尔（Casimir Maistre）等考察团前往乍
得。这些探险队都曾经到达过沙里河地区，并与当地部落酋长达成

了一些协议。拉巴赫王国控制着乍得湖地区，坚决抵抗法国的入侵，从而阻止了法国考察团向乍得湖推进。

法国对乍得的侵略取得重要进展主要依靠分裂乍得各方势力的手段。1896 年春天，法国海军中尉让提尔（Emile Gentil）从加蓬利伯维尔出发，航行 1200 多千米，于 1897 年 1 月 25 日抵达沙里河地区，同年 11 月 1 日抵达乍得湖。让提尔先是获取了巴吉尔米苏丹加乌郎（Garouang）的信任，并与加乌郎签订了保护国协定。这是法国与乍得地区的王国所签署的第一个保护国协定。让提尔的下一步是唆使巴吉尔米和加奈姆－博尔努联合反对拉巴赫，又拉拢拉巴赫王国的藩属国达尔－库提（Dar Kouti），令其对双方的斗争采取中立态度，从而达到孤立拉巴赫的目的。当拉巴赫得知加乌郎与法国确立同盟关系后，出兵讨伐，法国就以与加乌郎签订保护协定为借口，命海军中尉布雷多奈（Henri Bretonnet）率领军队向拉巴赫进攻，遭到拉巴赫军队的反击，在托格堡（Togbao）一带被全歼，布雷多奈也在战斗中丧生。

然而，当时整个西非的局势非常不利于拉巴赫。因为法国殖民当局逐渐镇压了西非地区其他人民武装力量。此外，1898 年和 1899 年，法国与英国签订了瓜分热带非洲的协定，法国获得了后来并入法属赤道非洲的大面积区域，殖民者之间不再有矛盾，使得法国可以腾出手来对付拉巴赫的武装。

1899 年初，法国向乍得派出三支军队，分北、南、西三路进攻乍得。第一支军队由富罗（Fernand Foureau）和拉密（François Joseph Amédée Lamy）率领，从阿尔及利亚出发，穿越撒哈拉沙漠。这也是欧洲殖民者第一次穿越撒哈拉的行动。第二支军队从西非塞内加尔出发，由孚莱（Paul Voulet）和夏诺阿纳（Julien

Chanoine）率领。第三支部队从中央刚果［今刚果（布）］出发，由让提尔率领。1900 年 4 月 21 日，三支队伍在今乍得首都恩贾梅纳附近的库塞利会合。4 月 22 日，法国军队与拉巴赫的军队进行了决战。在敌人处于绝对优势的情况下，拉巴赫毅然亲自率军迎敌。在一场艰苦的激战之后，他撤出阵地，率领一支小部队发动了一次突然反击。在这次战斗中，双方都失去了自己的指挥官：法国军官拉密战死，拉巴赫也在战斗中牺牲。

让提尔进入拉巴赫的都城迪科亚的时候，十分感叹拉巴赫卓越的领导才能，他曾经写道："目光所及，城墙完备，建筑整齐。到处都很干净，可以感受到人们都遵守国王的命令。"

库塞利战役是一个转折点。随着拉巴赫战死，法国殖民者占领乍得的过程中少了最大的障碍，但乍得人民反对法国侵略者的斗争仍在继续，一些拥有武装力量的小王国仍坚持作战。

第四节　现代简史

一　乍得沦为法国的殖民地

1900 年库塞利战役后，乍得地区沦为法国的保护国。1902 年法军进入博尔努地区。1909 年 6 月，法国军队开始进攻东部的瓦达伊王国的首都，迫使瓦达伊同其签订了保护条约，宣布瓦达伊成为法国的保护地，把它并入"乍得军事领土"。1913 年，北方博尔库和提贝斯提高原地区也被法国占领。1920 年，乍得正式成为法国"殖民地"，首都为拉密堡，此后一直隶属于法属赤道非洲领地，直至 1958 年。其间，乍得人民反抗殖民统治的斗争从未停止。

　　乍得是一个半沙漠的国家，并没有丰富的农业资源和矿产资源。但是，乍得地理位置重要，又是赤道非洲四国中人口最多的国家，因此对于法国殖民者来说仍然具有重要的价值。法国在占领乍得后，开始在各地修建铁路、港口等基础设施，开辟庄园。这些工程需要大量的劳动力，为此，法国殖民者将前拉巴赫王国的士兵和居民强征为奴隶使用。1913 年，法国又迫使瓦达伊王国的苏丹签订所谓的"奴隶解放"的《果兹－贝达协定》，原来生活在当地的居民也被迫沦为奴隶，承担繁重的体力劳动。

　　因此，在这一殖民时期，乍得人民与殖民者斗争的主要内容之一就是反对强迫劳动。1917～1927 年的 10 年间，武装暴动在乍得各地接二连三地爆发。其中，规模最大的两次群众暴动分别是 1917 年果兹－贝达地区人民的暴动和 1921 年达罗第地区人民的暴动。1927 年，乍得人民的反法斗争席卷全国。面对这一形势，法国殖民当局决定使用暴力和阴谋手段进行镇压。他们以和平谈判为借口，邀请各地组织武装斗争的领导人到拉密堡参加会议。400 多位领导人应邀抵达拉密堡之后，遭到法国人的围攻屠杀，与会者被尽数处死。镇压行动加深了广大人民群众对法国殖民主义者的仇恨，民族矛盾因此激化，引发了 1928 年整个法属赤道非洲地区的反法运动。工人阶层在这次斗争中比较团结，强烈要求取消强迫劳动和兵役制。虽然暴动者装备落后，只能使用原始武器坚持斗争，但整个斗争持续了 4 个月之久，多次击退法国军队。暴动期间，矿井和桥梁成为破坏的目标，许多殖民政府的建筑物也遭到损毁。

　　1935 年，乍得人民又掀起了一次反抗殖民主义者的武装斗争高潮，10 名法国官兵在暴动中被杀，引起了法国殖民主义者的野蛮报复，数千名乍得人被杀害。

殖民时期，乍得经济发展极为缓慢，法国殖民者仅仅将其视为棉花产地和廉价劳动力来源。殖民当局也没有在乍得建立能够覆盖全国的政治管理体系，除了在经济相对发达的南方地区设立了真正的殖民统治机构，广大的北方地区实际上处于松散的管理状态之下。这也为乍得后来长时期的内战和分裂埋下了伏笔。

二　乍得在第二次世界大战中的贡献

第二次世界大战期间，法属赤道非洲处于戴高乐领导的"自由法国"的控制之下。乍得湖地区是美、英、法三国的空军基地，乍得人民还承担了繁重的战争物资运输任务。他们中有许多人加入法国军队，参加了北非、意大利和法国战场的作战。战争大大促动了乍得人民的民族觉醒，使他们认识到自身的力量和自己为战争胜利所能做出的贡献。

1940年，法属赤道非洲总督费利克斯·埃布埃（Felix Eboue，首位法属殖民地黑人总督）选择站在戴高乐将军领导的自由法国一边，承认自由法国具备的政治合法性，也使乍得成为最早参与自由法国的殖民地。从 1940 年 12 月起，法国上校勒克莱尔（Philippe de Hauteclocque, dit Leclerc）率领乍得步兵，在乍得地区击败了意大利军队，攻占了东北部的库弗拉（Koufra）。这是法国1940年投降德国以来的第一场胜仗。戴高乐当时希望自由法国的军队能够攻占费赞，比盟军先占领突尼斯，以确认对突尼斯的主权。1942 年，勒克莱尔从乍得的基地出发，进攻意大利的据点。1943 年，经过3000千米的步行，法国军队成功进入利比亚首都的黎波里，费赞也被法军占领。可见乍得士兵为自由法国在北非的胜利做出了巨大贡献。

1946 年 10 月，西非和赤道非洲的民族解放运动领导人在马里巴马科召开大会，成立了"非洲民主联盟"（Rassemblement démocratique africain）。"非洲民主联盟"的乍得支部——乍得进步党（Parti progressif tchadien）于 1947 年成立。从此，乍得的民族解放运动在乍得进步党的领导下取得了迅速发展，同西非尤其是赤道非洲各法属殖民地的民族解放运动互通声息彼此支持。

三 乍得人民的独立斗争

第二次世界大战后，非洲各地的民族解放运动蓬勃发展，西方殖民者被迫对非洲各地人民做出一定的让步。非洲法属殖民地各国也纷纷要求真正和彻底的独立。1957 年 9 月，非洲民主联盟在马里巴马科召开第三次代表大会。大会通过决议，要求法属赤道非洲各国实现独立。乍得人民也积极和坚定地参与反帝反殖民统治的抗争。1957 年底，乍得代表参加了第一次亚非人民团结大会。

法国并不希望殖民地彻底脱离自己的掌控，先后采取了不同的措施，以图保持法国的特殊地位。1956 年 6 月 23 日，法国制定《海外领地框架法》（Loi-cadre Defferre）。1957 年初，法国国民议会根据该法通过给予法属赤道非洲"地方自治权"的法律，乍得获得"半自治共和国"的地位。

1958 年，戴高乐回归法国政坛，建立了第五共和国。根据 1958 年的《法兰西第五共和国宪法》，乍得获得"法兰西共同体"内的"自治共和国"地位。但这未能满足乍得人民的独立诉求。1959 年 2 月 10 日，乍得发生了反对殖民统治的武装暴动。同年 6 月，乍得举行了全国性的游行示威，遭到法国殖民者的血腥镇压，死伤群众 400 多人。10 月，首都拉密堡爆发了要求脱离"法兰西共同体"的大型示威活动，人民群众还坚决反对法国在乍得的殖民雇佣军赴阿尔及利亚和喀麦隆作战。在此背景下，乍得独立已经是大势所趋。1960 年 8 月 11 日，法国同意乍得独立，但仍须留在调整后的"法兰西共同体"内。然而，随着 1961 年法兰西共同体的解散，法国也就无法以此形式制约乍得的独立了。

这一时期，乍得政治舞台上出现了一些重要的人物，其中包括后来成为乍得第一任总统的托姆巴巴耶（Ngarta Tombalbaye）等人。而乍得的独立并不意味着战乱的停歇。

第五节　当代简史

一　托姆巴巴耶当政时期

乍得于 1960 年 8 月 11 日宣告独立，国名为"乍得共和国"。1960 年 8 月 12 日，托姆巴巴耶当选总统。独立伊始，殖民时期遗留下来的南北方差异迅速演变为南北方冲突。由于殖民统治者长期以南方为据点，乍得南方人受教育程度较高，掌控着政府和军队。乍得社会内部矛盾日益突出。

托姆巴巴耶对内实行专制统治，推行大萨拉族主义和歧视北方人的政策，激起北方人的极大不满。1961 年，托姆巴巴耶为调和南北矛盾，邀请反对派各党与乍得进步党联合，组建乍得进步联盟（Union pour le progrès du Tchad）。但联合只流于表面。1963 年 9 月 16 日，乍得独立仅三年，即爆发大规模反对派游行活动。托姆巴巴耶政府对游行实施镇压并逮捕了反对派首领。

1965 年，由于政府采取了严苛的税收政策，乍得北方和中部相继爆发群众武装暴动，遭到镇压，险变为内战。流亡国外的乍得反对派利用这一时机，在苏丹成立"乍得民族解放阵线"（Front de Libération nationale du Tchad，FROLINAT，简称"民阵"），以推翻托姆巴巴耶政权为纲领。1969 年初，在"民阵"领导下，乍得国内的反政府武装迅速发展，几乎遍及全国各地。托姆巴巴耶只得求助于法国政府的武装干涉，乍得全国性武装斗争遭到暂时性挫败。但是北方人对托姆巴巴耶的仇视不断加深，而南方人对他本人的风格和政策的不满也在扩大，矛盾越积越深，最终导致了 1975 年的政变。

二 马卢姆军政府统治时期

1975 年 4 月 13 日，曾经被托姆巴巴耶逮捕关押的武装部队司令菲利克斯·马卢姆（Félix Malloum）发动军事政变，推翻了托姆巴巴耶政权，成立军政府。军政府宣布废除宪法，解散议会，取消一切政治活动。军政府对内主张民族和解和全国统一，振兴经济，发展民族文化。

但在这一时期，马卢姆政府、哈布雷（Hissène Habré）、古库尼（Goukouni Oueddeï）三派呈现三足鼎立之势。古库尼领导下的"民阵"人民武装部队（Frolinat forces armées populaires）是实力最强的派系，控制着乍得北部和中部大部分地区。哈布雷所领导的民阵北方武装部队（Frolinat forces armées du Nord）则是 1976 年从古库尼派中分裂出来的武装力量，亦具有较强的战斗能力，以中、东部为势力范围。另外，还有卡穆格所领导的乍得武装部队（Forces armées du Tchad），它由原乍得宪兵部队和部分国民军组成，实力较强，依托于人口众多、经济比较发达的南方 5 省。

因此，代表南方势力的军政府并没有在全国实现稳定发展，政局持续动荡。北部和中部阿拉伯游牧民族发动大规模的反政府武装斗争，迫于压力的马卢姆政府认为单纯依靠高压政策无法解决问题，遂提出通过谈判实现全国和解。但是不同武装力量表现出不同的态度。北方武装"民阵"的领导人哈布雷同意就和解问题与马卢姆政府接触，而北方武装部队前领导人古库尼则拒绝谈判。

1978 年 8 月 25 日，乍得政府代表同哈布雷派共同签署了《根本宪章》，并组成临时团结政府，马卢姆任总统，哈布雷任总理。古库尼则率领其部队，重新联合北方各派，于 1978 年 3 月组成"人民武装部队"进攻首都。他的部队迅速占领了近一半的乍得国土，推进到距离恩贾梅纳仅 300 千米处。1979 年 2 月，马卢姆和哈布雷势力间合作关系破裂，发生冲突。古库尼的部队乘机进攻首都，乍得再次陷入混战。

三　古库尼与哈布雷派的争斗以及非洲国家的调停努力

从 20 世纪 70 年代末到 90 年代初，乍得处于各方混战之中，尤其是北方各军事力量之间的争斗中。乍得周边各国、法国、非洲统一组织等纷纷试图平息战乱局面，恢复该地区和平。

1979 年 3 月 10～15 日，在邻国的斡旋之下，乍得各派政治势力的领导人在尼日利亚北部的卡诺城（Kano）举行会议，达成了关于解决武装冲突的协议，成立了以"民阵"领导人古库尼为首的临时国务委员会。原总统马卢姆和总理哈布雷宣布辞职。谈判进展并不顺利。同年 4 月，在卡诺召开了第二次乍得全国和解会议，讨论成立民族团结过渡政府，未达成协议。会后，古库尼和哈布雷在恩贾梅纳宣布成立民族团结过渡政府，遭到各方反对。5 月，在尼日利亚的原首都拉各斯召开的第三次全国和解会议遭到了古库尼和哈布雷等派的抵制。第 16 届非洲统一组织首脑会议就乍得问题进行了商讨，促成了 1979 年 8 月乍得 11 个派别在拉各斯举行的第 4 次全国和解会议，并达成和解协议。11 月 10 日，签署《拉各斯协议》的各派联合组成了民族团结过渡政府。然而，非洲各国的努力并没能真正停止乍得的内战。

片刻的和解之后，派别武装冲突再次爆发。1980 年 3 月，恩贾梅纳发生了哈布雷和古库尼派的大规模武装冲突，卡穆格派和古库尼派联合反对哈布雷，乍得再次陷入全面内战。5 月，在复杂的局势下，法国不得不从乍得撤出军队。

这一时期，利比亚介入乍得局势较深。1980 年 6 月，古库尼同利比亚签订《友好同盟条约》。11 月，利比亚应古库尼的请求出兵乍得，协助古库尼的军队将哈布雷赶出了恩贾梅纳，后者的武装力量被迫退到乍得东北部边境进行游击活动。哈布雷派指责古库尼与利比亚勾结破坏乍得领土完整；古库尼则声称，一旦乍得和平得到保障即要求利比亚撤军。

1981 年 1 月 6 日，古库尼访问利比亚，两国决定联合组成一个"民众国"，遭到乍得各派反对，也受到非洲统一组织的谴责。1981 年 1 月 13 日，非洲统一组织在多哥共和国首都洛美召开关于乍得问题的紧急会议，谴责利比亚、乍得"合并"，要求利比亚从乍得撤军。6 月，第 18 届非洲统一组织首脑会议再次要求利比亚军队撤出乍得，11 月 8 日起，由尼日利亚、塞内加尔和扎伊尔组成的泛非和平部队陆续进驻乍得维持秩序。在乍得全国团结政府的强烈要求下，当年 11 月底，利比亚军队基本撤离乍得。

1981 年底，哈布雷的北部武装部队从东北部边境地区向首都进行反攻，与古库尼的政府军形成对峙。1982 年 2 月，非洲统一组织乍得问题常设委员会首脑会议再次要求乍得冲突各方停止军事行动，在非洲统一组织主持下进行谈判，制定宪法。哈布雷表示接受谈判提议，但古库尼方态度强硬，坚决拒绝和谈，并指责非洲统一组织干涉乍得内政。双方的冲突以哈布雷的胜利告终。6 月 7 日，哈布雷军队攻占首都恩贾梅纳。

1982 年 6 月 18 日，临时中央政权机构——国务委员会成立，哈布雷担任了委员会主席。6 月底，非洲统一组织的维和部队陆续撤离乍得。哈布雷首先试图取得与南方派别之间的和解，于当年 7～8 月同卡穆格在加蓬举行谈判。但由于双方政治分歧大，谈判未果。同时，哈布雷军队努力在全国逐步控制局势，8 月下旬基本上控制了除南方以外的地区，随后趁卡穆格派发生内讧之机，控制了乍得全境。

在这一时期，哈布雷的敌对派基本都得到了利比亚的扶植。1982 年 10 月 21 日，古库尼、卡穆格、奥马尔等部分派别的主要领导人在乍得北方达伊宣布成立民族救国临时政府，继续同哈布雷政权抗衡。1983 年 6 月，古库尼部队占领了北方提贝斯提地区的首府法亚－拉若，并控制了全国约 1/3 的领土。

哈布雷政府军于 1983 年 7 月收复了全部失地。同年 8 月 10 日，反政府军再次攻占法亚－拉若，政府军被迫撤退到首都以北 500 千米的萨拉尔和首都东北 680 千米的比尔廷一带。美国与法国这一时期积极支持了哈布雷政府。当哈布雷紧急呼吁各国帮助其抵御利比亚的军事入侵时，两国迅速做出反应。法国提供了大量的武器装备，美国的军事援助增加至 2500 万美元。在法国军队的帮助下，哈布雷军队固守了在北纬 15°线建立的新防线，反政府军未能继续向南攻进，双方在乍得中北部地区形成军事对峙。

法国除了出兵出武器，还借助于自身在前法属殖民地的影响力，频繁开展外交活动，推动乍得以政治谈判方式解决冲突问题。这得到了非洲多数国家的支持。各国均对乍得局势恶化表示十分关注，主张和平解决乍得问题。1983 年 10 月，在法国所主导的第 10届法非首脑会议上，与会各国代表一致主张尊重乍得的领土完整，强调必须寻求乍得问题的和平解决，遏止冲突，并加强非洲统一组织在实现和平中的作用。迫于国际舆论的压力，哈布雷和古库尼虽然当时表示愿意谈判但终究因为分歧过大而未能实现和谈，乍得各派之间矛盾难以调和，虽然 1984 年 10 月 20 ~ 28 日在刚果（布）首都布拉柴维尔举行了乍得全国和解会议预备会议，但无果而终，乍得持续处于军事对峙状态。

哈布雷政权一边努力巩固其政权，发展经济，一边也试图与各反对派和缓关系，达成和解，并取得了一定的成果。1986 年 2 月10 ~ 13 日，古库尼部队向哈布雷政府军队发起猛攻，内战再次大规模爆发。哈布雷政府在反击的同时，呼吁周边友好国家提供紧急援助，请求法国再次出兵。法国因此在乍得部署了"食雀鹰"军事行动，并提供了 1500 万法郎的军事援助。法国派出战机炸毁了古库尼军队后勤供应基地瓦迪杜姆机场跑道，还在乍得南部部署了12 架作战飞机和 900 名士兵。美国方面也提供了紧急军事援助和军用物资。3 月，战事暂时平息，哈布雷方巩固了自己的政权。

1986 年 3 月，哈布雷改组政府，6 名与之达成和解的反对派人物入阁。在刚果（布）总统萨苏和非洲统一组织执行主席、塞内加尔总统迪乌夫（Abdou Diouf）的斡旋下，古库尼一度同意与哈布雷进行谈判，后又改变主意拒绝和谈。

1986~1987 年，局面出现了一些戏剧性的变化。1986 年 6~9月，古库尼的民族团结过渡政府发生分裂。10 月中旬，古库尼与利比亚领导人卡扎菲反目，提出与哈布雷和谈。利比亚则转而支持另一乍得反对派组织——"民主革命委员会"。该派领导人阿谢克于 1986 年 11 月中旬在贝宁的科托努宣布组成新的"民族团结过渡政府"。古库尼与哈布雷双方于 11 月 24 日达成停止内战协定，古库尼的军队于 1987 年 1 月与政府军合并，共同打击利比亚支持下的阿谢克。不久，哈布雷政府还与卡穆格派实现了和解，1987 年 2月 5 日，卡穆格回到乍得。而古库尼则一直在境外进行活动，先后访问了科特迪瓦、加蓬、贝宁、尼日利亚等 8 国，其间公开承认哈布雷总统是乍得合法总统。但是古库尼提出了一些条件，要求哈布雷方面同意后他才回国。他在阿尔及利亚同哈布雷代表进行了谈判，要求修改共和国基本法，解散以哈布雷为主席的"全国独立和革命联盟"（Union Nationale pour l'Indépendance et la Révolution）改组乍得军队，与哈布雷平分领导权，但均遭到拒绝。因此，库尼与利比亚重修旧好，取代了阿谢克成为民族团结过渡政府领导人。

同一时期，即 1986 年底到 1987 年，是哈布雷政府军实现重大转折，收复失地，控制局面的时期。包括北方要地兹瓦尔、北方军事基地法达·瓦迪杜姆和北方首府法亚－拉若在内的乍得北方大部分领土都处于政府军控制之下，只有奥祖还控制在反政府军手中。

四　代比上台后的三驾马车过渡时期

1989 年 3 月，哈布雷总统改组政府，原反对派爱国阵线主席、民主革命委员会总书记奥马尔被任命为外长，但是乍得武装部队总司令代比等人却与哈布雷决裂。代比率领反政府武装力量在乍得东部边境地区发动进攻，曾占领巴哈伊和提奈两地，后被政府军击退。

1989 年 12 月，乍得举行独立以来的首次公民投票，哈布雷当选总统。代比则于 1990 年 3 月创建"爱国拯救运动"（Mouvement patriotique du Salut，MPS，简称"爱拯运"），自任主席。7 月 8 日，全国进行立法选举，投票率为 56.06%。10 月 19 日，哈布雷总统改组政府。同年 11 月初，东部战事再起，代比武装部队势不可挡，于 12 月 1 日攻占首都恩贾梅纳。哈布雷携家眷经喀麦隆逃往塞内加尔进行政治避难。

代比推翻哈布雷政权后，于 12 月 4 日出任国务委员会（临时政府）主席。至此，乍得结束了持续约 15 年的极度动荡局面，虽然反政府武装与政府军队的冲突仍时有发生，但总算进入了一个政治相对稳定的时期。

从 1991 年到 1996 年代比当选民选总统之前，乍得经过了一段过渡时期。在这个时期，代比政权平息了反对派武装的反攻，调整了内外政策，努力恢复经济，整顿社会治安，宣布实行多党制，促进民族和解，吸收各地区和各派代表人物参加政府和共和国临时委员会（代议会）。

在平息反对派武装进攻方面，代比政权首先消除了哈布雷武装力量的威胁。1991 年 12 月底，前总统哈布雷率领部队由西部边境向乍得湖地区发起进攻，一度攻陷博尔和瓦利等地，但政府军一举击败其进攻。次年 5 月底，哈布雷联合"促进民主和发展运动"所属的西部武装力量，再次出兵乍得湖地区。法国增兵恩贾梅纳支持代比政权，战事逐渐平息。代比政权还平息了公共工程部部长阿巴斯·科蒂所策划的两次武装暴动。1992 年 4 月中旬，科蒂因为被免去参谋长等要职不满而发动兵谏，要求恢复原职，后事件得到调解。但5月时科蒂等再次策动武装暴动，消息泄露，科蒂逃离乍得。1993年，科蒂与政府达成协议回国。但当年10月，科蒂又一次策划政变未遂，被打死。

在实现政局平稳过渡方面，代比政权也经历了一些波折。多党制的实施在一定程度上缓解了各党派之间的矛盾。1991年3月4日，乍得组建新政府；7月，执政党"爱国拯救运动"召开了全国特别代表大会，颁布政党法，决定于1992年5月召开由各党派参加的全国会议。

1992年2月，恩贾梅纳昆杜勒兵营发生部族仇杀事件。不久，乍得人权同盟副主席贝希迪遇刺。反对党派组成"危机委员会"，首都群众游行示威，要求惩办元凶，召开圆桌会议，成立协调政府。5月19日的内阁特别会议审议通过了修改后的《国家宪章》部分条款，扩大了总理权限。次日，乍得宣布成立多党协调政府，反对派人士约多伊曼被任命为总理。

1993年1月15日，各党派参加的最高全国会议举行。会议通过了《乍得共和国过渡时期宪章》《过渡政府工作任务细则》，并选举产生了临时立法机构过渡时期最高委员会，菲代尔·蒙加尔（Fidèle Abdelkerim Moungar）当选过渡时期政府总理，代比继续担任总统职务。总统、过渡政府总理和过渡时期最高委员会并驾齐驱的"三驾马车"的过渡体制得到确立。4月11日，蒙加尔组织了由各党派代表30人参加的过渡政府。

然而，总统、过渡政府总理和最高委员会三驾马车之间的矛盾迅速显现。当年6月，最高委员会否决了代比总统1992年底访问利比亚时草签的《乍得与利比亚合作总协定》，继而又质询蒙加

尔，迫使其根据最高全国会议精神将内阁阁员裁减为 16 人。9 月
14 日，代比发表了《告全国人民书》，批评蒙加尔总理"工作轻
率，作风不严谨，完成过渡任务不力，搞地方主义"，并解除了其
内弟、财政部部长鲁安加姆的职务。24 日，蒙加尔也发表告人民
书，对总统的指责进行了反驳。10 月 8 日，最高委员会举行全体
会议，通过了对蒙加尔总理的不信任案，11 月 6 日，最高委员会
选举前司法和掌玺部部长、乍得"争取民主进步全国联盟"主席
库马科耶（Delwa Kassiré Coumakoye）为过渡政府总理，并组织了
新的过渡政府。

因为种种原因，《过渡政府工作任务细则》未能如期落实，导
致了过渡期的延长。1994 年 4 月，最高委员会决定将过渡期延至
1995 年 4 月，并且定于 1994 年 12 月 ~ 1995 年 3 月举行立法和总
统选举，明确过渡政府的首要任务是筹备大选，实现民族和解，完
成军队整编和签订《社会契约》等。

过渡政府首先完成了与工会的谈判。1994 年 7 月，经过多轮
谈判，政府与工会终于达成一致，签署了《社会契约》，社会矛盾
得以缓解。此外，全国和解委员会代表政府同争取和平与民主全国
行动委员会签署了新的和平协议，保障了和平局面的延续。

其次，大选准备工作有步骤地展开。《政党法》《选举法》《宪
法》草案陆续出台。10 月 15 日，最高委员会举行全体会议进行换
届选举，最高委员会原财经委员会主席、"爱国拯救运动"成员穆
罕默德·巴夏尔·加达耶当选新任主席，与代比总统、库马科耶总
理形成新的三驾马车。

1995 年 4 月 8 日，过渡政府再次改组。科伊布拉·吉玛斯塔
（Koibla Djimasta）当选为过渡政府第三届总理，并组织新政府。7

月，吉玛斯塔总理宣布在乍得境内实行全面停火，呼吁反对派武装力量与政府谈判，以实现真正的民族和解。过渡期再次经历一个困难阶段，各派人士认为，需要召开由各党派参加的圆桌会议共同探讨出路。8月19日，最高委员会执行局成员因工作不力宣布辞职，23日选举出了新的执行局。

1996年1月5~9日，由乍得政府、反对派武装组织以及部分政党代表参加的民族和解圆桌会议在加蓬的费朗斯维尔举行。随后，新宪法的通过和总统选举的举行，终于为"过渡期"画上了句号。

五　代比的第一个民选总统任期

1996年3月31日，乍得举行公投，通过新宪法。由于准备工作比较充分，乍得总统选举也在稳定的局面下顺利进行。6月2日和7月3日，总统选举的两轮投票分别完成，代比胜出，成为乍得历史上第一位民选总统。8月8日，代比正式就职，任命科伊布拉·吉玛斯塔为总理，组织新一届政府，1997年1月和2月，乍得先后举行两轮立法选举，代比领导的"爱国拯救运动"获得议会绝对多数席位。不久，原总统府秘书长纳苏尔·瓦依杜（Nassour Guelendouksia Ouaido）取代吉玛斯塔，被任命为新总理，5月底新政府组阁。

在代比第一个民选任期，乍得政府仍然面对着反政府武装的严重威胁。代比政权采取了两手同时推进的政策，一方面以武力清剿境内反政府武装，另一方面举行政治和谈，以缓和政党矛盾和民族矛盾，借此巩固政权。这一政策取得了显著效果。1997年4月及10月底，乍得政府军在南方蒙杜地区与反政府武装组织发生冲突，造成上百人死亡。1998年，乍得政府击败反叛武装联邦共和军，收编其余部。反对派武装民主发展运动和全国抵抗联盟也相继放下武器。乍得南部地区逐步恢复稳定，其余反政府军主要集中在北部地区，与政府军形成对峙，屡有冲突。

乍得政府保持着对反政府武装的军事行动，同时与其进行谈判，寻求和解。反对派提出以代比下台作为和谈前提条件，并要求召开所有党派参加的全国圆桌会议，遭到政府拒绝。

2000年9月，在利比亚领导人卡扎菲的斡旋下，代比总统与反对派武装民主正义领导人多戈伊米在利比亚举行会议，未果。同年，代比总统颁布法令，继续保持执政党"爱国拯救运动"在政府中的优势比例，参政党由6个减为5个。

六 代比的第二个民选总统任期

2001年5月，代比再次赢得大选，连任总统。政府与反政府武装之间的角力仍然在继续。

2003年1月，北方最大反政府武装中，强硬派与温和派分裂。温和派与代比政府签署了和平协议。同月，政府与东部地区反政府武装力量"乍得全国抵抗联盟"也达成了和平协议。2003年初，除南方边境地区仍有反政府军活动外，其余地区基本安宁，局势保持相对稳定。

实现乍得全面和平的努力仍然在继续。2003年1月9日，在加蓬总统奥马尔·邦戈的主持下，乍得外交部部长穆罕默德·萨利赫·安纳迪夫率领的乍得政府代表团和"乍得全国抵抗联盟"领导人、乍得前武装部队参谋长穆罕默德·格拉法上校率领的代表团进行了谈判，并签署了和平协定，表示要在乍得实现全面与持久的和平。根据该协定，"双方在整个冲突地区宣布立即停火，成立一个由乍得冲突双方以及加蓬代表参加的三方委员会；释放所有俘虏和政治犯，包括所有在战斗中或其他场合被捕以及因持乍得全国抵抗联盟政治观点而被关押的人员；乍得政府宣布对乍得全国抵抗联盟全体人员以及所有对该联盟抱有同情态度的人实行大赦；乍得全国抵抗联盟保证放弃武装斗争，并尽快将其战斗人员交由政府安排；加入乍得全国抵抗联盟的原民事和文职人员可重新担任公职；政府同意将乍得全国抵抗联盟所有军事人员纳入乍得准军事部队，并采取措施以保证动乱地区的安全等"。

2004 年，除了部分边境地区仍受少数反政府武装滋扰，乍得政局总体上继续保持稳定，代比总统执政地位比较稳固，但政权内部矛盾有所增加。同年 4 月，"爱国拯救运动"再次赢得立法选举。5 月，首都恩贾梅纳发生未遂兵变。

从 2004 年开始，代比开始推动修宪，为再次连任铺平道路。2005 年，乍得议会通过宪法修正案，取消了乍得宪法中总统任期最多两届的规定，从而使代比有资格作为候选人参加 2006 年总统大选。此举遭到乍得反对党的指责和集体抵制。

2005 年年底和 2006 年上半年，乍得政府军再次与反政府武装发生比较严重的武装冲突。2005 年 12 月 18 日，一支反政府武装在阿德雷地区向乍得政府军发动进攻，双方交火，造成约 100 人死亡。乍得政府军击退了反政府武装的进攻，并俘获了一些反政府武装人员。乍得政府认为这些武装力量的背后有苏丹政府的支持，因此强烈指责苏丹政府，并声称在必要情况下进入苏丹西部地区清剿反政府武装。但苏丹政府否认支持乍得反政府武装。

2006 年 4 月，首都恩贾梅纳遭到由"变革统一阵线"领导的叛军袭击，政府军将其击溃。非盟和美国建议推迟大选，但代比坚持大选如期举行。5月3日，乍得总统选举第一轮投票在全国各地顺利进行，包括代比在内的5位候选人参与竞选。此次选举投票率非常低。据乍得国家独立选举委员发布的数据，全国登记的580万选民中只有20%～50%的选民投票。代比以接近65%的选票当选，开始了其第三个总统任期。

七　代比的第三和第四个民选总统任期

在代比的第三个民选总统任期中，乍得发生了较大规模的流血冲突，国际社会再次被动员起来，推动乍得和平局面的实现。

代比成功连任总统后，反对党提出，希望通过全民大讨论的方式在乍得实现民主过渡。2006年6月9日，乍得反对党请求乍得政府允许反政府武装加入政府与反对党之间的对话。乍得反对党联盟发言人、争取民主进步全国联盟主席卡巴向媒体声称，政府与反对党之间的对话应该是开放的，应该允许有关各方参与。

2006年11月上旬，乍得东部的瓦达伊、瓦迪菲拉和萨拉玛特地区发生了种族冲突事件。乍得政府于11月13日宣布全国大部分地区进入紧急状态，包括西部的阿米吉尔，北部的博尔库、埃迪内、提贝斯提，南部的中沙里和首都恩贾梅纳。政府还在当天召开了部长特别会议，探讨如何避免东部地区种族冲突事件向全国蔓延。随后政府发布公报，称将派遣特派部长进入紧急状态地区，并"赋予其采取任何行动的权力"。此后，乍得萨拉玛特地区又发生了阿拉伯人和非阿拉伯人之间的暴力冲突，造成百余人死亡，冲突还蔓延到靠近苏丹边境的瓦达伊地区。

2006年底，"变革统一战线"与乍得政府签署和平协定，其组织人员全部接受政府军收编，组织领导人阿卜杜勒·卡里姆则被任命为国防部长。"变革统一战线"人员主要来自塔玛族，而代比的亲信则大多数为扎卡瓦族。两族之间的矛盾仍然存在，导致了2007年10月两族在乍得东部省的大规模流血冲突，造成至少20人死亡。乍得政府随即宣布东部省和北部省等地区进入为期12天的紧急状态，并派遣政府军进入上述地区收缴民众手中的武器。部分"变革统一战线"人员拒绝接受政府军的接管，与政府军在乍得东南省的戈兹贝达交火。

2008年2月2日，得到苏丹支持的反政府军攻占了首都恩贾梅纳，但总统府未被占领。2月4日，联合国安理会谴责了乍得反政府军的军事行动。此外，代比政府再次得到法国的支援，政府军击退了叛军。从2008年3月开始，欧盟维和部队与法国部队共同负责维持乍得地区的稳定，与乍得东部的叛军也多次交火。2009年1月，8个反政府武装组织决定合作成立抵抗力量联盟（Union des forces de la résistance），与政府军多次发生摩擦交火事件。同年，乍得政府与苏丹政府达成协议，此后抵抗力量联盟的活动逐渐减少。但截至今日，反政府武装与政府军之间的冲突仍时有发生。

2011年4月25日，代比再次当选总统（得票率83.68%）。

2012年，应海牙国际法庭的要求，非盟和塞内加尔同意在塞内加尔设立特别法庭，审判前总统哈布雷。2013年6月，哈布雷在其位于达喀尔的寓所中被塞内加尔宪兵逮捕，但此后因种种原因，审判一直未能启动。2015年6月，非盟决定在塞内加尔成立特别法庭，审判哈布雷案。

近年来，除应对反政府武装问题外，乍得政府也需要应对恐怖主义威胁。2015年6月15日，伊斯兰极端组织"博科圣地"

在乍得首都制造了两起自杀式炸弹袭击事件，造成 23 人丧生，100 余人受伤。

2016 年 4 月 10 日，代比在总统在大选首轮投票中以 59.92% 的得票率第五次当选乍得总统。

第六节 著名历史人物

一 杜纳马一世

杜纳马一世，加奈姆王国国王，1221～1259 年在位。其父是赛尔马·本·比库鲁（Selmaa ben Bikorou，1194～1221 年在位），其母名为迪巴拉（Dibbala）。杜纳马一世在位时期，是加奈姆王国的鼎盛时期，其疆域不断扩展。他发展了与其他伊斯兰国家之间的关系，特别是马格里布东部地区的哈弗西得（Hafside）王国。他控制了整个中部撒哈拉的南北中轴地带，促进了乍得与地中海国家的交往，推动了乍得的经济繁荣。但是其在位后期，铁达人、萨奥人、布拉拉人部落势力增加，他去世后，加奈姆王国陷入了长时间的衰落。

二 伊特利斯·阿拉奥马

伊特利斯·阿拉奥马，加奈姆－博尔努王国国王，1571～1603 年在位（也有历史学家认为其在位时间是 1564～1596 年）。14 世纪，加奈姆王朝被迫迁往博尔努地区，阿拉奥马时期则实现了加奈姆－博尔努王国的全盛。他善于作战，征服了很多民族。在外交上，他发展了与阿拉伯世界的关系。在政治上，他推行改革，借鉴奥斯曼帝国统治经验，实施中央集权化政策。在司法方面，他试图推动酋长主管司法的模式向司法官员模式转变。在国内，他推动了精英阶层的伊斯兰化，并在王国各地兴建清真寺。

三　拉巴赫

拉巴赫，拉巴赫王国的创建人，反抗法国殖民侵略的民族英雄。他 1845 年出生于苏丹首都喀土穆西面的哈勒法亚乡村，奴隶出身，父亲是阿拉伯人，母亲是非洲人。拉巴赫英勇善战，具有卓越的军事才能。他于 1879～1896 年先后征服了瓦达伊、加奈姆－博尔努、巴吉尔米等王国，结束了中苏丹地区的割据状态，建立了一个统一的强大国家。他执政期间，采取措施推动农、牧、商、工业的发展。19 世纪后期，拉巴赫带领军队，奋勇抵抗法国殖民者的入侵，多次挫败其进攻。但是 1900 年法国重兵来袭，拉巴赫未能战胜实力强大的法军，英勇牺牲。他的儿子法德尔·阿拉继续率领军队在乍得湖地区抗击入侵者。

四　恩加尔塔·托姆巴巴耶

托姆巴巴耶，曾用名弗朗索瓦·托姆巴巴耶，为显示自己的乍得身份而改名为恩加尔塔·托姆巴巴耶，乍得独立后出任首任总统。

1919 年 6 月 15 日，托姆巴巴耶出生于中沙里省，萨拉族人。1947 年 6 月参与创建乍得进步党。1959 年 3 月任临时政府总理。1960 年 8 月，乍得独立后，托姆巴巴耶任总理兼国防部部长，掌握大权。1962 年 1 月，托姆巴巴耶下令解散所有反对党，同年 4 月当选为总统，兼任内政部、新闻部部长。1969 年再度当选总统。其在任期间疏远法国，与利比亚、苏丹关系密切，并从美国得到援助。其与利比亚达成的协议允许利比亚军队入驻乍得，遭到国内各派别批评。1975 年 4 月，马卢姆武装部队发动军事政变，托姆巴巴耶被杀。

五 费利克斯·马卢姆

马卢姆，1932 年 9 月 20 日出生于南部萨拉赫，为萨拉族人。曾先后在刚果、法国、阿尔及利亚接受军事训练。乍得独立后，先后任地区驻军和训练官、战区司令、参谋指挥官、总统军事办公室主任等职。

1973 年 6 月，因反对总统托姆巴巴耶允许利比亚军队入驻乍得北方被捕。1975 年军事政变后上台。1978 年与哈布雷派达成和解协议，组成民族团结临时政府，任总统。其任总统期间，乍得与利比亚断交，并向联合国安理会指控利比亚入侵乍得北方。1979 年 3 月乍得全国和解会议后辞职，后移居尼日利亚。1978 年 9 月曾访华。

六 古库尼·韦代

古库尼 1944 年出生于乍得北部博尔古 – 恩内迪 – 提贝斯提省，为图布族人。其父德尔代是图布族穆斯林精神领袖。

古库尼曾在巴尔达伊行政部门任职，1967 年起，在乍得西北地区从事反托姆巴巴耶政权活动。1968 年加入反政府组织"乍得民族解放阵线"。1972 年与哈布雷共同建立北方武装部队。1978 年，古库尼和哈布雷发生分歧，并率武装部队进攻马卢姆政府。同年 11 月《拉各斯协定》签订后，民族团结过渡政府成立，古库尼任主席。

1980 年 3 月，古库尼和哈布雷两派发生大规模武装冲突。古库尼求助利比亚，击退哈布雷部队。1981 年 11 月，利比亚军队撤出乍得。1982 年 6 月，哈布雷部队进驻首都，古库尼政权垮台。此后，古库尼在北方继续领导反哈布雷政权的军事活动。

七　侯赛因·哈布雷

1942 年，哈布雷出生于乍得北方的博尔古－恩内迪－提贝斯提省首府法亚－拉若的一个牧民家庭，为阿纳卡扎族人。曾在法国接受高等教育。

1971 年，哈布雷回国参与组织"乍得民族解放阵线"。1976 年与古库尼分裂后，率领一部分部队转移到乍得东部。1978 年与马卢姆达成和解协议，出任民族团结临时政府总理。1979 年《拉各斯协定》签署后，哈布雷任国防和退伍军人国务部部长。1980 年，哈布雷部队不敌受到利比亚支持的古库尼部队，退到东部边境进行游击活动。1982 年，哈布雷攻克首都恩贾梅纳，推翻古库尼政权，宣布成立国务委员会，随后就任总统。

1990 年 12 月，代比领导的"爱国拯救运动"攻占首都，哈布雷下台，随后避难塞内加尔。2013 年，哈布雷被塞内加尔宪兵逮捕，被指控犯有战争罪。2015 年 6 月，非盟决定在塞内加尔成立特别法庭，审判哈布雷案。

八　伊德里斯·代比

代比，现任乍得共和国总统。1952 年出生于乍得比尔廷省，为扎卡瓦族人，信奉伊斯兰教。曾于 20 世纪 70 年代留学法国。1979 年，代比加入"乍得民族解放阵线"，先后担任多个要职。

1989 年发动兵变未遂后流亡苏丹。

　　1990 年 3 月，代比任乍得"爱国拯救运动"主席，同年 12 月 2 日领兵进驻首都恩贾梅纳，解散国民会议。1991 年 3 月 4 日，代比就任总统，同年获得"世界和平咨文"翁贝托·比安卡诺欧洲奖。代比于 1996 年、2001 年、2006 年、2011 年的总统选举中获得连任，并于 2016 年再次当选乍得总统。

第三章

政治与军事

从王国到法国殖民地，再到独立的共和国，乍得的政治体制经历了一系列的历史变迁。独立后，乍得政治体制主要效仿其宗主国——法国，引入多党制，但议会只设一院，总统的权力很大。

第一节　宪法

1958 年 10 月 4 日，法国正式颁布了《法兰西第五共和国宪法》，该宪法在一定程度上给予了法兰西共同体内四个非洲领地一定的独立性，但上述领地仍不能获得独立国家的地位。同年 11 月 28 日，与其他法属非洲殖民地一样，乍得加快走向独立的步伐，通过全民公投，宣布成立"乍得共和国"。此时的乍得尚未摆脱法属殖民地的身份，虽然已有立法机构与内阁，但在外交、国防、司法等重大方针政策上仍听命于法国。

1959 年 4 月 1 日，乍得议会通过了第一部乍得宪法。宪法规定，乍得是一个"完整不可分割的、世俗的、民主的和谋求社会福利的共和国"；同时，作为法兰西共同体的成员国，乍得宪法将法语确定为国家官方语言。宪法还规定了国家元首（总统）兼任部长会议主席，由国民议会选举产生，对议会负责，任期 7 年；同时明确乍得实行立法、司法与行政的三权分立；设立与国民议会平行的经济与社会委员会，为经济与社会问题提供解决建议。除此之外，宪法还确定了政府的组织形式与议会的解散程序。从这部宪法中可以看出，乍得接受了法国的政体模式，国家元首任期时长都与当时的法国总统相同。

1960年，正式独立后的乍得对1959年宪法进行了修改，确认了国家政体为半总统制，总理作为政府首脑行使权力。1962年4月14日，乍得国民议会宣布通过独立后的第二部宪法，规定乍得为总统制共和国，扩大了总统的权限。在该体制下，总统由包括国民议会议员、市长、市镇议员及部落首领组成的选举团选举产生，任期7年。总统不向议会负责。该宪法还通过限定选举名单的办法，进一步加强了一党制的合法性。

1975年，原乍得武装部队司令马卢姆发动军事政变，推翻托姆巴巴耶政权，马卢姆成为新任总统。1978年8月29日，北方武装部队首领哈布雷出任总理，由马卢姆及哈布雷协商制定的新宪法出台。该宪法宣布建立联合政府，由总统及总理共同行使行政权。

1982年6月，哈布雷上台执政。同年9月29日，《乍得共和国根本法》作为临时国家根本法出台。该基本法确认乍得是一个统一的、世俗的、不可分割且主权在民的共和国。阿拉伯语和法语为其官方语言。此外，总统由北方武装部队指挥委员会指定，总统是国家元首、政府首脑和军队最高统帅，其任期至新宪法颁布之日届满。

1988年7月，哈布雷成立了制宪委员会以制定新的宪法。1989年12月10日，乍得进行全民公投，并最终以极高的民众支持率通过了独立以来的第三部宪法。新宪法规定，乍得是一个统一的、世俗的、不可分割的和社会民主、自由、公正的共和国。乍得实行总统制，总统为国家元首和军队最高统帅，直接普选产生，任期7年，可连任两届，但年龄不得超过70岁。

1990年，代比上台执政后，废除了1989年宪法。1991年3月，《临时国家宪章》出台。《临时国家宪章》明确了公民的个人自由与权力，呼吁不同宗教、部落群体相互包容，主张发展多元化的民主。此外，总统兼任军队最高统帅，由"爱国拯救运动"全国委员会指定人选。总理、部长与共和国最高委员会成员由总统指定。总统无法履行职务期间，"爱国拯救运动"副主席将担任临时总统，但任期不得超过21天。同时，政府宣布将由全国最高委员会负责在30个月的期限内制定出新宪法。

1992年5月9日，会议对《临时国家宪章》进行修改，规定现总统任期至新宪法颁布之日止。总理作为政府首脑负责政府工作，确保法律法规的实施，在总统的领导下指挥军队及警察部队。在总统无法施政时，总理代行职责。

1993年4月4日，全国最高委员会通过了乍得过渡时期的临时宪法——《乍得共和国过渡时期宪章》。该宪章规定：乍得是一个统一的、享有主权的、世俗的、民主的、统一的、不可分割的共和国。总统为国家元首军队最高统帅，其任期至由普选产生的新任总统就职之日止。过渡时期的总理是政府首脑，负责执行国家最高会议（Conférence nationale souveraine）决定。总理由会议通过协商一致的原则选举产生，并由总统任命。过渡时期的立法权由全国最高委员会推选出的执行局行使，总统可以依据委员会意见罢免总理。在12个月的过渡期中，《乍得共和国过渡时期宪章》取代之前的宪章，直到新宪法出台。

经过3年多的过渡期，乍得现行宪法于1996年3月31日以

63.5%的支持率通过全民公投。该宪法于同年4月14日开始生效。新宪法规定：乍得共和国是一个建立在民主、法治和公正基础上独立的、世俗的、社会化的、统一的、不可分割的主权国家，实行政教分离。行政权由总统和政府共同行使。总统是国家元首，负责保证宪法的实施。总统由直接普选产生，任期5年，可连任两届。总理由总统指定，并根据总统建议任免部长。作为政府首脑，总理负责主持部长会议并通过相关国家政策。此外，在国民议会2/3的议员赞成的情况下，方可对宪法进行修改。

2004年5月26日，乍得议会通过执政党"爱国拯救运动"提出的宪法修正案，取消对总统连任的次数限制，并解散参议院，成立经济社会文化理事会，还允许国家元首在经过部长会议同意的前提下修改宪法。

2006年6月5日，乍得举行全民公投，就2004年5月国民议会对1996年宪法进行的第一次修正案进行表决。7月7日，公投结果发布，65.75%的选民表示支持，34.25%的选民表示反对。这一公投结果进一步巩固了代比的统治，使之得以连续五次当选总统任职至今。

第二节　政府

一　1960～1991年的政府更替

1960年宣布独立、成立共和国之前，乍得就已经有了自己的内阁。1958年11月，根据《法兰西第五共和国宪法》，乍得是"法兰西共同体"内的一个"自治共和国"，拥有自己的内阁，实行多党制。之后，由于派系争斗严重，乍得内阁曾发生多次危机：以乍得进步党为首的临时政府首脑于 1959 年 2 月 10 日被立宪议会罢免，由乍得农村派联盟成员萨乌尔巴（Gontchome Sahoulba）任总理。仅三天之后，萨乌尔巴临时政府辞职，非洲社会主义运动成员库拉马拉组织由各党派参加的临时政府。1959 年 6 月 17 日，时任部长会议主席的托姆巴巴耶改组内阁，内阁主要成员有：总理托姆巴巴耶，同为进步党人的副总理兼外交、经济、计划和游览部部长加布里尔·利赛特（Gabriel Lisette）和乍得农村独立派联盟党员、交通运输和航空部部长萨乌尔巴。

1960 年 8 月 11 日，乍得宣布独立，托姆巴巴耶当选总统。24 日，内阁改组，部长从 11 人增至 16 人，大部分部长为乍得进步党成员。托姆巴巴耶掌握实权。之后的 1964 年、1971 年，乍得又经历了两次政府改组。1975 年 4 月，乍得发生军事政变，托姆巴巴耶被杀，马卢姆被军事委员会任命为总统。

马卢姆军政府很快被哈布雷政府取代，哈布雷政府随后又被古库尼政府取代。1978 年 8 月 25 日，乍得政府代表同反政府武装、民族解放运动中的哈布雷派（即北方武装部队指挥委员会）达成协议，双方签署《根本宪章》，组成共治临时政府。不久，武装冲突再次爆发。在邻国的斡旋下，乍得各派政治势力领导人于 1979 年 3 月中旬达成解决冲突的协议，成立了以"乍得民族解放阵线"领导人古库尼为首的临时国务委员会。原总统马卢姆、总理哈布雷宣布辞职。4 月，民族团结过渡政府成立。1979 年 11 月 10 日，乍得 11 个政治派别的代表组成国家统一过渡政府。亲利比亚派古库尼·韦代任总统，南方温和派代表瓦达勒·卡穆格（Wadel Kamougué）任副总统，哈布雷任国防

部部长，阿西勒·阿玛（Acyl Ahmat）任外交部部长。但是，由于政府内部派别纷争，1980 年 4 月 25 日，政府以"叛乱罪"解除国防部部长哈布雷职务。后者随即发表声明强烈指责该解职不合法。

1982 年 6 月 7 日，哈布雷掌控的军队攻入首都恩贾梅纳，推翻了古库尼政权。9 月初，哈布雷武装控制乍得全境，10 月，哈布雷宣布就任总统，并组成新政府。与此同时，原国家统一过渡政府的领导成员，如古库尼和卡穆格等势力都退至乍得北部，并于 10 月 27 日在巴尔达伊成立"民族救国"临时政府，在利比亚的支持下继续进行反哈布雷武装活动。哈布雷掌权期间，由于内部矛盾不断，国内政局动荡，乍得政府也经历了多次变动。在 1984 年、1986 年、1988 年和 1989 年经历了政府改组。

1990 年 12 月 1 日，代比领导的反政府武装攻入首都恩贾梅纳，哈布雷前往塞内加尔寻求庇护。4 日，国务委员会作为新中央政府机构而成立，包含 35 名成员，代比本人任委员会主席，马尔多姆·巴达·阿巴斯（Maldoum Bada Abbas）任副主席、松吉·艾哈迈德（Soungui Ahmed）任对外关系国务委员。

二　代比任总统以来的政府变动

1991 年 2 月 28 日，伴随着乍得新宪法的通过，代比成为乍得共和国第一任民选总统。仅 1991～1992 年，乍得政府就经历了 6 次改组。1993 年 11 月 13 日，政府再次改组。1994 年 1 月 18 日，政府又进行了部分改组，改组后的内阁由 16 名成员组成。1995 年的 4 月 16 日和 12 月 7 日，乍得政府又经历了两次改组。1996 年 2 月 27 日的政府改组后，内阁成员由 16 人增至 20 人，并设一名女部长，负责妇女、儿童和社会事务。同年 8 月 12 日，在前一次改组的基础上，乍得政府增设了 8 名国务秘书的职位。1997 年 5 月 20 日和 12 月 31 日政府又经历两次改组。1998 年 7 月 24 日，政府进行内部调整，部长由 22 名增至 23 名，国务秘书减为 4 名。

进入 21 世纪，代比迎来了自己的第二个民选总统任期。乍得政府仍不断更迭频繁。2000 年 8 月 30 日组成的乍得新政府共含 29 名成员，其中部长 23 名，国务秘书 6 名。那古姆·亚马苏姆（Nagoum Yamassoum）担任总理。2001 年 4 月 8 日，总统代比对政府进行部分改组，解除了乍得争取民主与复兴联盟（Union nationale pour la Démocratie et le Renouveau，UNDR）成员在政府中的所有职务，其中包括该党领袖、时任农业部部长萨利赫·凯布扎博（Saleh Kebzabo）的职务。此次免职主要是因为凯布扎博被提名为其党派在 2001 年举行的总统选举的候选人。时任矿业、能源和石油部部长莫克塔·穆萨（Mokhtar Moussa）接替凯布扎博担任农业部部长一职。同年 8 月 13 日，政府成员增至 36 名，其中部长 23 名，总理未更换，国务秘书、副秘书长等职务有所增加。

2002 年 6 月 12 日成立的乍得新政府共含 29 名成员，比上届减少 7 人。外交、财政、国防等要职人员未变动，哈龙·卡巴迪（Haroun Kabadi）出任总理。此外，新内阁增设了领土整治、城市规划和住房国务部，由前公共工程、运输、住房和城市规划部部长艾哈迈德担任部长。此外，新政府还将原来的矿产、能源和石油部一分为二；内政部也拆分为公共安全部与移民事务部。2003 年，政府再次重组，经过多次小幅调整，成员确定为 29 名，均为部长职务，不再设国务秘书。总理为穆萨·法基（Moussa Faki）。

2005 年 2 月 4 日成立的新一届政府包含 30 名成员。同年 8 月 7 日和 2006 年 2 月 15 日，内阁又经过两次改组，共含 29 名成员。帕斯卡尔·约阿迪姆纳吉（Pascal Yoadimnadji）出任总理。

2006 年 5 月 3 日，代比第三次当选共和国总统。8 月 15 日，乍得新政府成立，帕斯卡尔·约阿迪姆纳吉仍担任总理职务。2007 年 2 月 23 日，帕斯卡尔·约阿迪姆纳吉突然病故，由时任基础设施建设部部长阿杜姆·尤努斯密（Adoum Younousmi）临时行使总理之职。2007 年 2 月 26 日，德尔瓦·卡西雷·库马科耶出任政府总理。2008 年 4 月 16 日，尤苏弗·萨利赫·阿巴斯（Youssouf Saleh Abbas）接替库马科耶出任总理。2009 年 3 月，政府再次重组，新政府共有 41 名成员。2010 年 3 月 5 日，曼努埃尔·纳丹加尔（Emmanuel Nadingar）出任总理。

2011 年 4 月 25 日，代比第四次当选共和国总统，随后再度任命曼努埃尔·纳丹加尔为总理。8 月，后者组建新一届内阁，由 35 名部长、4 名国务秘书及 1 名副秘书长组成。2013 年 1 月 21 日，约赛夫·德然朗加尔·达德纳德吉（Joseph Djimrangar Dadnadji）出任总理。1 月 26 日，新内阁成立。10 月 18 日，该政府经历第 5 次重组，包含 40 名政府成员，其中有 9 名女性。此次改组中，代比的兄长达乌萨·代比（Daoussa Déby）出任了邮政与电信部部长。

2013 年 11 月 21 日，卡尔泽贝·巴伊米·德贝（Kalzeubé Pahimi Deubet）出任总理。2014 年 4 月 12 日，新政府名单出台，共含 26 名成员。2016 年 2 月，政府再次改组，阿尔贝尔·帕希米·帕达克（Albert Pahimi Padacké）出任总理。

1991 年代比任总统以来历任总理情况见表 3 - 1。

表 3 - 1　1991 年代比任总统以来的历任总理

姓　　名	任职时间
让·阿林格·巴沃耶(Jean Alingue Bawoyeu,1937 ~)	1991 年 3 月 4 日至 1992 年 5 月 20 日
约赛夫·尤多伊曼(Joseph Yodoyman,1950 ~ 1993)	1992 年 5 月 20 日至 1993 年 4 月 7 日
菲代尔·穆恩格尔(Fidèle Moungar,1948 ~)	1993 年 4 月 7 日至 1993 年 11 月 6 日
德尔瓦·卡西雷·库马科耶(1948 ~)	1993 年 11 月 6 日至 1995 年 4 月 8 日
果瓦布拉·吉马斯塔(Koibla Djimasta,1950 ~)	1995 年 4 月 8 日至 1997 年 5 月 17 日
那苏尔·盖林杜克斯·乌艾多(Nassour Guelendouksi Ouaido,1947 ~)	1997 年 5 月 17 日至 1999 年 12 月 13 日
那古姆·亚马苏姆(1954 ~)	1999 年 12 月 14 日至 2002 年 6 月 12 日
哈龙·卡巴迪(1949 ~)	2002 年 6 月 12 日至 2003 年 6 月 24 日
穆萨·法基(1960 ~)	2003 年 6 月 24 日至 2005 年 2 月 3 日
帕斯卡尔·约阿迪姆纳吉(1950 ~ 2007)	2005 年 2 月 4 日至 2007 年 2 月 23 日
阿杜姆·尤努斯密(1962 ~)	2007 年 2 月 23 日至 2007 年 2 月 26 日,代理总理
德尔瓦·卡西雷·库马科耶(1949 ~)	2007 年 2 月 26 日至 2008 年 4 月 16 日
尤苏弗·萨利赫·阿巴斯(1952 ~)	2008 年 4 月 16 日至 2009 年 3 月
曼努埃尔·纳丹加尔(1951 ~)	2010 年 3 月 5 日至 2013 年 1 月 21 日
约赛夫·德然朗加尔·达德纳吉(1954 ~)	2013 年 1 月 21 日至 2013 年 11 月 21 日
卡尔泽贝·巴伊米·德贝(1957 ~)	2013 年 11 月 21 日至 2016 年 2 月 13 日
阿尔贝尔·帕希米·帕达克(1966 ~)	2016 年 2 月 13 日至今

资料来源：乍得政府官网。

现届政府于 2017 年 2 月 5 日组阁，新内阁包括总理在内共 39 人，其中部长 27 人、部长级秘书长 1 人、国务秘书 9 人、政府副秘书长 1 人。总理、政府首脑是阿尔贝尔·帕希米·帕达克，其他成员如下：基础设施和交通部部长阿杜姆·尤努西米（Adoum

Younousmi)，公共卫生部部长恩加姆巴特南·卡梅尔·苏（Mme Ngarmbatnan Carmel Sou Ⅳ），领土行政和地方治理部部长巴夏尔·阿里·苏雷玛纳（Bachar Ali Souleymane），公共安全和移民部部长艾哈麦德·玛哈玛特·贝希尔（Ahmat Mahamat Bachir），总统府负责国防、老兵和战争受害者事务的部长级代表比夏拉·伊萨·扎达拉赫（Bichara Issa Djadallah），外交、非洲一体化和国际合作部部长布拉西姆·侯赛因·塔哈（Brahim Hisseine Taha），财政和预算部部长克里斯第安·乔治·迪古伊姆巴耶（Christian George Diguimbaye），司法和人权部部长阿赫玛特·玛哈玛特·哈萨纳（Ahmat Mahamat Hassane），经济和发展规划部部长恩盖托·提拉纳耶·扬巴耶（Ngueto TiranayeYambaye），邮政和信息通信新技术部部长玛哈玛特·阿拉胡·塔希尔（Mahamat Allahou Tahir），领土整治、城市化和住房部部长哈密特·玛哈玛特·达哈罗布（Hamit Mahamat Dahalob），矿业和地质部部长大卫·侯戴安加尔（David Houdeïngar），石油和能源部部长贝歇尔·玛戴（Béchir Madet），就业和社会对话部长阿卜杜勒卡里姆·赛义德·博歇（Abdelkerim Seid Bauche），国民教育部部长阿赫玛特·卡扎利·阿西尔（Ahmat Khazali Acyl），高等教育和科研创新部部长麦凯·哈桑·泰索（Mackaye Hassane Taisso），农业部部长阿塞伊德·加玛尔·西莱克（Asseïd Gamar Sileck），民航和国家气象部部长哈乌阿·阿西尔·阿赫玛·阿克哈巴契（女，Haoua AcylAhmat Akhabache），畜牧部部长阿布德哈西姆勒·优努斯（Abderahim Younous），水资源部部长西迪克·阿布戴尔克汉·哈噶尔（Sidick Abdelkerim Haggar），环境和渔业部部长卜拉赫·穆罕默德（Brah Mahamat），工商业和私营领域发展部部长玛哈玛特·哈密特·库阿（Mahamat HamitKoua），文化和旅游发展部部长玛哈玛特·萨雷赫·哈鲁恩（Mahamat Saleh Haroun），职业培训和小手工业部部长阿杜姆·丹加耶·纳库尔·古特（Adoum Dangaye Nakour Geut），妇女、儿童和国家团结部部长卡德·伊丽莎白（女，Kade Elizabeth），青年和体育部部长优素福·阿巴·萨拉赫（Youssouf Abba Salah），政府发言人玛德莱娜·阿林盖（女，Madeleine Alingué），总理府负责国家改革的部长级秘书长阿卜杜拉耶·法度尔·萨布尔（Abdoulaye Fadoul Sabre），外交国务秘书哈乌阿·乌特曼·杰阿麦赫（Haoua Outman Djameh），计划和发展国务秘书西格尼亚布·巴尔那巴斯（Signyabe Barnabass），金融和预算国务秘书巴那塔·夏雷·苏（女，Banata Tchalet Sow），基础设施和交通国务秘书哈比巴·萨乌勒巴（女，Habiba Sahoulba），公共卫生国务秘书玛哈玛特·安纳迪夫·优素福（Mahamat Annadif Youssouf），农业国务秘书但德·拉布贝雷·达麦（Dande Laoubélé Damay），国民教育国务秘书博尼奥·泰尔巴里那（女，BonioTerbaline），行政和地区治理国务秘书阿布巴卡尔·吉布里勒·阿布巴卡尔（Aboubakar Djibril Aboubakar），高等教育和科研国务秘书侯赛因·马萨尔·侯赛因（Hissein Massar Hissein），政府副秘书长哈桑那·阿赫玛·巴夏（Hassane Ahmat Patcha）。

第三节　立法与司法机构

一　立法机构

乍得立法体系现实行一院制。

乍得在完全独立之前就已经设立了议会。1959 年，乍得议会

成立，共设席位 85 个。同年，议会选举举行，乍得进步党占 71 席，非洲民族党占 14 席。议会主席为乍得人民党的阿拉乌·塔赫尔（Allahou Tacher）。从乍得独立至今，由于内战频繁和政权更迭，其立法机构也经历了多次变化。

独立后，1962 年乍得宪法规定，国民议会是国家最高立法机构，议员任期 5 年，选举方式为一轮多数制选举。1963 年 12 月 22 日，乍得举行立法选举，最终选出 75 名议员，阿杜姆·切雷（Adoum Tchere）任议长。1969 年 12 月，议会改选，席位增至 105 席。1975 年，乍得发生政变，议会解散。

1982 年，根据《乍得共和国根本法》，全国协商委员会作为国家常设协商机构而成立。委员会成员由总统任免并享有"国家顾问"头衔，且不能在政府、军队中兼职。委员会设主席、副主席职位，由成员选举产生。该协商委员会职责包括起草宪法草案、接办总统传达的调查任务、向政府提建议、参与研讨国家大政方针与大赦、制定国家预算与社会经济发展计划、签订国际公约协定等。所以，虽然全国协商委员会并不是严格意义上的议会，但行使了议会的部分职能。1986 年 3 月 23 日，新一届全国协商委员会成立，委员 30 名，主席为姆巴依斯贝·阿卜杜（Mbaisbe Dingaondikim Abdou）。1990 年 8 月 5 日，哈布雷下台前夕，乍得新议会成立，共有议员 123 名，议长为让·巴沃约·阿林格（Jean Bawoyeu Aling）。

1990 年 12 月起，代比执政。1991 年 3 月 10 日，乍得共和国临时委员会成立，共含 23 名委员，均由总统任命。作为全国最高协商机构，该委员会行使议会职能，主要负责起草新宪法法案，研讨国家大政方针。其委员不能在政府、军队以及任何以营利为目的

的国家机构和私营机构中兼职。委员会主席为马尔·巴达·阿巴斯
（Maldom Bada Abbas）。

1993 年 4 月 6 日，过渡时期最高委员会作为该时期的立法机
构成立。该委员会共含 60 名成员，均由全国最高会议选举产生。
委员包括政党、工会、妇联、青年组织、人权组织的成员以及商界
代表，此外，除哈布雷以外的三位前总统也身在其中。委员会任务
主要有：监督政府执行最高全国会议的决定和方针；行使立法权；
审查宪法草案，通过选举法，监督公民投票及其他选举；仲裁过渡
期机构间的冲突纠纷。委员会主席为穆罕默德·巴夏尔·加达耶
（Mahamat Bachar Gadye）。

1993 年 9 月 19 日，国民议会作为最高立法机构成立，共有
125 个席位，任期 4 年。其职责包括：行使立法权；依法对政府活
动进行监督；批准国际条约及协定；负责审计工作，由审计法院辅
之；授权宣布战争状态；等等。议员由直接选举产生。议员享有豁
免权，与总统及政府成员共同享有提交法律草案的权力。此届议会
共有 85 名议员，分别来自 12 个政党。其中"中非人民解放运动"
为议会第一大党，占有 34 个席位。议长为胡格·多格藏迪
（Hugues Dokoxendi）。

其时，乍得实行两院制，但参议院尚未成立。

1997 年 4 月 4 日，新一届国民议会成立。"争取革新与民主
同盟"（Union pour le Renouveau et la Démocratie，URD）主席卡穆
格·瓦达勒·阿卜杜勒－卡德尔（Kamougue Wadal Abdal-Kader）
担任议长一职。"爱国拯救运动"为议会第一大党，占 65 个席
位。其他党派占席位如下："争取革新与民主同盟"29 席，"争
取发展与革新全国同盟"15 席，"争取民主共和国同盟"4 席，

"争取自由与发展党" 3 席，"争取民主进步联盟" 3 席，"争取民主与发展全国联盟" 2 席，"乍得争取革新全国同盟"、"乍得争取统一与社会主义行动" 和 "联邦党" 各 1 席。

2001 年，乍得通过了修订后的《选举法》，国民议会共设 155 个席位，议员任期 5 年。2002 年 4 月 21 日，新一届国民议会成立。"爱国拯救运动" 以 113 个席位成为第一大党，其党员纳苏尔·盖朗杜克西亚（Nassour Nguelengdouksia）担任议长。

2011 年 2 月，乍得举行了 2002 年以来的首次议会选举。新一届国民议会共有 188 名议员，其中女议员 24 人，占比 12.77%。"爱国拯救运动"、"争取民主进步联盟" 和 "争取发展进步全国联盟"（Assemblement national pour le Développement et le Progrès, Viva-RNDP）这三大党组成的竞选联盟 "乍得复兴联盟" 获得了议会大多数席位，共计 131 个。其余 25 个政党均获得至少 1 个席位。

二　司法机构

乍得宪法规定，司法权由最高法院、上诉法院、初审法院及治安裁判行使。最高法院是最高司法机构，由司法法庭、行政法庭和财政法庭组成。人员包括 1 名院长，15 名推事。院长由总统征求国民议会议长意见后以法令的形式任命。现任最高法院院长为萨米尔·亚当·阿努尔（Samir Adam Annour），总检察长为阿马特·阿格雷（Ahmat Agrey）。最高法院法官实行终身制。

此外，乍得还设有宪法委员会，负责审查法律、协定等是否违宪，同时监督、审理、公布选举及公投结果。现任宪法委员会委员长为曾经担任过总理和外长的那古姆·亚马苏姆。此外，还设有高级法庭，负责审判共和国总统、政府成员及叛国案的相关同谋。

第四节　政党与社会团体

一　政党的发展及演变

（一）乍得独立前后的多党共存

二战后不久，在民族解放运动的大背景下，一些非洲国家的解放运动组织成为政党，领导争取民族独立的斗争。与此同时，法国殖民者扶植亲法势力建立政党，以期在法属非洲国家独立后，保持自身在这些国家和地区政治经济中的地位和影响力。因此，乍得的政党产生于独立之前。

乍得独立前后的主要政党有：乍得进步党（Parti progressiste tchadien）、非洲社会主义运动（Mouvement socialiste africain）、乍得独立民主联盟（Independent Democratic Union of Chad）、农村独立派和农民联盟（Grouping of Rural and Independent Chadians）和乍得民族联盟（Union nationale tchadienne）等。

乍得进步党的前身是成立于 1946 年的乍得人民党（Parti populaire tchadien），它是乍得建立最早的党派，最初作为非洲民主联盟（Rassemblement démocratique africain）的分支成立。它代表着南部部族势力集团的利益，得到乍得的大部族——萨拉族支持，同时也是法国扶持的对象。其领袖是加里布尔·利赛特，曾在 20 世纪 50 年代短暂担任过乍得总理一职。该党大部分成员分布在沙里河以西信奉基督教的部族中。该党成立之初的主张是将非洲人民从经济剥削与种族歧视中解放出来；主张推动政治、经济及文化发展；赞成法国 1958 年宪法，主张在法国与非洲国家间建立联邦治理体系。1959 年 5 月，乍得进步党在议会选举的 88 个席位中获得其中的 57 个，成为执政党。但该党派系斗争严重，时任总理托姆巴巴耶与该党领袖兼副总理加里布尔·利赛特之间存在矛盾。乍得独立后，利赛特于 1960 年 8 月 24 日被免除政府职务并禁止进入乍得境内。同年 9 月，托姆巴巴耶成为该党主席兼总书记，并成为国家元首与总理，组建独立后的第一届政府。此后，该党同非洲民族党合并，组成争取乍得进步联盟（Union pour le Progrès de Tchad）。但联盟很快陷入分裂。1973 年，乍得进步党解散并组建起文化社会革命全国运动党（Mouvement national pour la Révolution culturelle et sociale）。

非洲社会主义运动的主要成员分布在乍得北部地区，也是比较亲法的政党。他们曾主张维持乍得的法国海外领地地位，后又接受乍得成为法兰西共同体成员国。该党支持非洲社会主义运动，宣扬泛非主义。领袖是艾哈迈德·库拉马拉（Ahmed Koulamallah）。

非洲民族党（Parti national africain）于 1960 年 2 月由以下 5 个小政党合并而成：非洲社会主义运动、乍得社会行动党（Action sociale tchadienne）、乍得独立派和农民联盟、乍得民族联盟、保卫乍得利益联盟（Union de Défense des Intérêts tchadiens）。非洲民族党是一个激进派穆斯林政党，前非洲社会主义运动的领袖艾哈迈德·库拉马拉是该政党的领导人。

乍得民族联盟成立于 1958 年，主要代表农民群体的利益。该党反对法国 1958 年宪法。1962 年托姆巴巴耶实施一党独裁后曾试图推翻独裁政府，最后失败，主席阿达姆·莫萨、总书记马哈马夫·阿巴被捕，很多成员流亡到苏丹。

（二）一党制时期

1962 年 2 月 16 日，托姆巴巴耶政府宣布解散和禁止一切反对党，推行一党专政。乍得进步党因此成为唯一的合法政党。这造成国内的矛盾进一步加深。各党派在继续活动，也有一些新的党派成立。党派之间的矛盾直接演变为军事冲突，各党之间的合作和分裂也在不断上演。

在托姆巴巴耶被推翻之前，乍得民族解放阵线一直在活动。该派别于 1966 年在苏丹尼亚拉会议上协商成立，得到乍得民族联盟的加盟。其纲领的主要内容是：反对分裂主义、反对宗教团体分享政治权力与种族歧视，号召民众推翻新殖民主义，争取完全彻底的国家独立，建立民主联合政府。该党派要求外国军队撤出乍得。乍得民族解放阵线的早期领导人为易卜拉辛·阿巴查（Ibrahim Abatcha），他于 1968 年在军事冲突中丧生。1970 年，阿巴·西迪克（Abba Sidick）担任领导人，他曾是托姆巴巴耶政府的部长，也是乍得进步党创始人之一，后与托姆巴巴耶分裂，流亡国外，进行反政府活动。但是阿巴查丧生后，民阵内部出现分裂，派别较多，其中古库尼派日益壮大。

1975 年，乍得武装部队发动政变，托姆巴巴耶被杀。马卢姆接任总统与总理之职，成立军政府，实行军事统治，禁止一切党政活动。乍得民族解放阵线作为武装反对派组织依然活跃。

20 世纪 80 年代，哈布雷与古库尼两派长期对峙。1986 年 6 月，哈布雷成立了全国独立和革命联盟，自任主席。其前身就是哈布雷一直领导的北方武装部队组织。该党是一个具有执政党性质的全国性政治组织，也是当时全国唯一合法的政治组织。其组织章程规定："全国独立和革命联盟是一个革新的、富有活力的组织，是乍得全国实现团结和乍得所有妇女再团结的熔炉。"联盟主张通过对话与全国各反对组织和解，实现全国和解。联盟设有全国代表大会、中央委员会与执行局。联盟最高权力机构为全国代表大会，每4年举行一次。1988年11月23～26日，联盟第二次全国代表大会召开。哈布雷做了工作报告，并提出了该党在未来的任务，提出了要走"乍得式社会主义道路"的方针。第二次代表大会还修改了党章，并成立了以哈布雷为首的新中央委员会，委员人数由80人增至120人。1990年8月12～20日，联盟二届一中全会召开。会议确定，党的首要任务是加强国防、维护国家独立、保证主权和领土完整，根据乍得的民族、历史、文化特点推进民主化进程，加强法制建设，积极发展经济、建设国家。1990年12月哈布雷政权被代比推翻，该联盟宣布解散。

代比所领导的爱国拯救运动成立于1990年3月11日，原为反哈布雷的政治军事组织，后迅速崛起成为执政党。

（三）回归多党制

代比上台后，主张回归多党制。1991年7月25～28日，爱拯运召开全国特别大会，决定于1992年5月召开由各政党参与的全国性协商会议，逐渐向多党制过渡。代比政府承认了30余个政党的合法性，主要包括：争取民主进步联盟（Rassemblement pour la Démocratie et le Progrès）、争取乍得民主进步同盟（Union pour la Démocratie et le Progrès du Tchad）、争取民主与共和同盟（Union pour la Démocratie et la République）等。在这种形势下，乍得政党数量不断增加。1993年，政府批准了40余个政党的成立，1994年则有50余个。

乍得多党制发展至今，主要有以下政党。

1. 爱国拯救运动

爱拯运成立于 1990 年 3 月 11 日，由伊德里斯·代比、马尔东·巴达·阿巴斯（Maldom Bada Abbas）和纳吉塔（Nadjita）一起创立，是执政党。

该党设有全国代表大会、中央委员会与执行局，在各地均有基层组织。全国代表大会作为最高权力机构，每两年召开一次。2/3以上的中央委员通过，则可召开全国特别代表大会。中央委员会为最高执行机构，由 40 名中央委员组成执行局，负责日常事务。该党政治纲领为：对内反对专制、尊重人权，主张多党民主，发展混合经济；对外奉行和平、睦邻友好原则，不干涉别国内政，坚持不结盟原则，遵守联合国和非洲统一组织宪章，同一切爱好和平、正义的国家发展友好合作关系。

代比为第一任总书记。第二次全国代表大会于 1993 年 7 月召开，代比连任。1996 年，代比当选总统，党副主席马尔东续任总书记。2003 年，穆罕默德·侯赛因（Mahamat Hisseine）当选总书记。2012 年，在代比提名下，贝永·昂德希扬·马洛（Beyom Andrien Mallo）担任总书记。2011 年议会选举后，爱拯运获得 117 席。

2. 争取民主与复兴全国同盟

争取民主与复兴全国同盟于 1992 年 7 月 21 日获得合法地位。创始人为萨莱赫·凯布扎博（Saleh Kebzabo），他曾在菲代尔·穆恩格尔任总理的过渡政府中担任过贸易与工业部部长。萨莱赫·凯布扎博曾就职于《青年非洲》《明日非洲》等媒体，后创立了乍得第一份独立报纸——《恩贾梅纳周报》。1996 年，他参加总统选举，在第一轮选举中获得 8.61% 的选票，位居第三。2008 年，该党加入了维护宪法政党协调组织（Coordination of Political Parties for the Defence of the Constitution），该组织是议会第一大反对党。2011年议会选举后，争取民主与复兴全国同盟在议会中占有 10 个席位。

该党的主要政治主张如下："维护国家和平、团结、实现民族和解；建立一支真正全国性的职业化军队；发展社会经济、农业、畜牧渔业、水电、交通、旅游和手工业；实行地方分权，让妇女和有能力的人参与国家管理；发展教育卫生事业；实现粮食自给自足"等。

3. 争取民主进步联盟

该党成立于 1991 年 12 月，创始人为洛尔·马哈马特·舒瓦（Lol Mahamat Choua）。舒瓦曾于 1979 年短暂担任过乍得总统，后担任过渡时期最高委员会主席。在 1996 年的总统选举中，舒瓦代表争取民主进步联盟参选，获 5.93% 的选票，位居第五。该党的最高权力机构也是全国代表大会，第一次全国代表大会于 1992 年 2 月召开，选举产生了 205 名代表组成执行委员会，舒瓦任执委会主席。在 2011 年的议会选举中，该党加入了爱拯运领导的"乍得复兴联盟"，该联盟最终获得议会大多数席位，争取民主进步联盟占 9 个席位。

4. 争取革新与民主同盟

该党成立于 1992 年 1 月 26 日，5 月 20 日获准成为合法政党。创始人为瓦达勒·阿卜杜勒 - 卡德尔·卡穆格。他曾任部长、总理、武装总司令等职。卡穆格曾多次作为该党候选人参与总统竞选，在 1996 年总统选举中，在第一轮中以 12.39% 的成绩位居第二，进入第二轮后获得 30.91% 的选票。2001 年总统选举中，卡穆格以 6.02% 的得票率位居第四。该党主要代表乍得南方地区的诉求。

该党主张生活民主化，赞成半总统制和行政、立法、司法三权分立的体制；认为应实行地区分权，建立享有行政、财政自主权的省或地区，从而向"联邦制"过渡；要求建立政府调节与自由竞争相结合的经济体制；奉行民族独立、国际合作、和平与不侵略原则，支持民族解放运动，反对外国统治和种族主义，致力于非洲的团结和统一。

争取革新与民主同盟的最高权力机构是全国代表大会，每三年召开一次，每次选举出50名代表。党内还分设执行局和全国评估委员会，负责党内日常事务管理与监督工作。该党在地方上设有各级组织机构。2011年议会选举后，争取革新与民主同盟在议会中占有8个席位。

5. 争取发展进步全国联盟

该党成立于1992年1月29日，主席及创始人为德尔瓦·卡西雷·库马科耶。库马科耶在20世纪80年代曾先后担任司法、公共工程、邮电、高教等部部长，并于1993年11月担任过渡政府总理，2007年再次出任乍得总理。他曾参与1996年总统选举，获得2.29%的选票，位居第九；在2001年、2006年的总统选举中，他分别获得2.36%、15.13%的选票，位列第六、第二。

在2011年的议会选举中，该党同样加入了爱拯运领导的乍得复兴联盟，获得议会5个席位。

6. 联邦与共和行动

联邦与共和行动（Fédération, Action pour la République，FAR）创始人为恩加尔勒吉·约贡加尔（Ngarlejy Yorongar），在哈布雷掌权时期曾任职于财政部。1996年当选为国民议会议员。1998年因诽谤总统和议长涉嫌贪污被判处3年监禁，1999年被特赦出狱。他曾参加1996年的总统选举，得票率为1%。2001年再次参与总统大选，以13.9%的得票率位居第二。2011年议会选举后，该党在议会占有4个席位。

联邦与共和行动主张建立联邦共和制，要求限制中央政府权力，实施政教分离，保护人权。该党还提出要改革军队，消除强权政治与部族主义。经济方面，该党主张均衡发展各地经济，并促进非洲政治经济一体化发展。外交方面，该党推行和平外交，反对种族主义。

7. 争取民主与共和同盟

1992年3月1日，时任总理让－巴沃约·阿林格创立该党。阿林格是外交官出身，20世纪70年代曾担任乍得驻美、法等国大使及国际组织代表。1990年，他当选国民议会议长，12月改任总理。阿林格曾参加1996年的总统竞选，获得8.31%的选票，位居第四。2011年议会选举后，争取民主与共和同盟在议会中占有2个席位。

2008～2010年和2010～2013年，阿林格两次入阁，分别担任司法部部长及新技术信息部部长。

在议会占据席位的还有乍得民族主义者联盟（Rassemblement des Nationaliste tchadiens，RNDT/ Le Réveil）（8席）、改革社会民主党（Parti démocratique et socialiste pour l'Alternance，PDSA）（2席）、乍得和平发展协定党（Convention tchadienne pour la Paix et le Développement，CTPD）（2席），以及统一复兴党（Parti pour l'Unité et la Reconstruction，PUR）（2席）。

除了以上政党以外，乍得还存在为数众多的武装运动，他们多活动在乍得北方，对抗代比的统治。如前国防和内政部部长多戈伊米（Youssouf Togoïmi）领导的争取乍得民主正义运动（Mouvement pour la Démocratie et la Justice au Tchad）、乍得全国联盟（Concorde nationale tchadienne)、武装反抗联盟（Union des Forces de la Résistance）、全国抵抗联盟（Alliance nationale de la Résistance）等。2002 年 9 月底，"争取乍得民主正义运动"因领导人身故，内部发生分裂。也有一些反政府武装与代比政府和解。如 2003 年 1 月，"全国抵抗联盟"与政府在特赦、整编军事力量及进行对话等问题上达成协议，承诺停止武装斗争。2008 年，"武装反抗联盟"试图推翻代比政权未遂，其领导人蒂芒·厄尔迪米（Timan Erdimi）流亡卡塔尔，2013 年宣布继续领导武装反政府行动。

二　社会团体

（一）乍得工会的成立与变化

第二次世界大战之后，非洲工人阶级在反帝、反殖民斗争中发挥着日益重要的作用。乍得地区当时存在以下四个主要的全国工会联合会：乍得工会本土联盟（Union locale des Syndicats du Tchad）、基督工人非洲联合会（Confédération africaine des Travailleurs chrétiens）、乍得自治工会联盟（Union des Syndicats autonomes du Tchad）、乍得自由工会非洲联合会（Confédération africaine des Syndicats libres du Tchad）。1951 年，来自乍得、中非、加蓬和刚果四个地区的部分工会组织进行合并，组成了"赤道非洲总工会"（Confédétation générale des Travailleurs de l'Afrique eqatoriale），直接加入"世界工联"。1957 年，"赤道非洲总工会"加入了"黑非洲工人总联合会"，随后"赤道非洲总工会乍得地区联合会"成立，总书记为曼博拉·纳伊姆（Mambra Nalmou）。纳伊姆曾于 1960 年 3 月访华。

独立后的乍得经历了一次工会合并浪潮。在此期间，"乍得全国工人联合会"成立,加入"全非工会联合会"。托姆巴巴耶于1975 年下台后,军政府的限制致使工会活动一度销声匿迹。20 世纪 80 年代初,两大全国工会联合会成立并获得合法地位,它们分别是乍得工会联合会(Confédération syndicale du Tchad)与乍得工人全国联盟(Union nationale des Travailleurs du Tchad)。两者于1988 年合并,组成乍得工会全国联盟(Union nationale des Syndicats du Tchad)。1990 年,代比上台。"乍得工会全国联盟"与之前一党制下成立的其他社会组织一样面临解散。

随后,部分前工会领导人于 1991 年 4 月成立"乍得工人自由联合会"(Confédétation libre des Travailleurs du Tchad);同年 6 月,"乍得工会联盟"(Union des Syndicats du Tchad)成立。两者随后成为乍得工会活动的中坚力量,成员均达上万人。两大工会保持与政府的对话,在乍得政治生活中扮演着重要角色。

2012 年 7 月 14 日,乍得工会联盟决定于当月 17～19 日发起为期三天的大罢工。原因是乍得政府以财政困难为由,未按照双方约定将公职人员、国营或事业单位工作人员的最低工资(SMIG)提高至 60000 中非法郎(约合 120 美元)/月和将上述人员工资基数提高 20%。工会指责政府管理不力,造成物价高涨、社会不公和官员腐败,号召全体民众参加大罢工。这是乍得近年规模较大的一次罢工。此外,一些行业工会也会在出现薪酬、劳动权利纠纷等情况时发动罢工。如 2015 年 4 月,乍得教师工会(SET)组织了罢工,表达对政府延迟发放工资的不满。

(二)妇女组织

2014 年 3 月 25 日,乍得成立了乍得妇女领导者国家委员会(Conseil national des Femmes leaders du Tchad)。该委员会的成立旨

在促进乍得妇女发展，发挥妇女在国家社会进步当中的积极作用，为政府提供所需的各类政策建议。该委员会的成立典礼由总统夫人因达·代比主持，政府要员、外交官和各界人士参加。乍得妇女领导者国家委员会由 11 名成员组成，由法学家海伦·朗巴提姆（Hélène Lambatim）担任主席，另设有两名副主席，代比夫人担任名誉主席。委员会第一次会议主题为"乍得妇女，让我们联合起来建设我们的国家"。2015 年，该委员会组织了成立一周年活动。

乍得还有一些以保护妇女权利、促进妇女发展为宗旨的民间组织，如位于恩贾梅纳的乍得女法学家协会。

此外，乍得民族众多，也有民族性的妇女民间组织。如 1999 年成立的乍得博勒族妇女协会（Association des Femmes Peules autochtones du Tchad）。该协会 2005 年得到正式的运行批准，其目标是改善博勒人的生活条件，促进当地居民的人权，并致力于环境保护。2010 年、2011 年和 2012 年，该协会主办了一些活动，呼吁对传统文化的了解和保护，呼吁科学技术与传统技能的结合。该协会还加入了非洲和国际的一些环保组织联盟，参与国际上相关主题的讨论。

第五节　军事

一　军队概况

1960 年，乍得脱离法国统治获得独立后，组建了国民军队。军队由陆军、宪兵和空军组成。1964 年，军队共有 400 人，之后逐步扩大至 1600 人，警察和其他治安部队为 1950 人。法国在乍得首都拉密堡一带保留军事基地，这也是法国控制中西非的重要军事基地之一，当时常驻乍得法军有 1600 人。

托姆巴巴耶当权时期，乍得政府军从原来的 1600 人扩编至 6500 人。主要目的是应对反政府武装的进攻。1969 年初，由乍得民族解放阵线领导的反政府武装斗争扩大到全国，包括北部的博尔库 – 恩内迪 – 提贝提斯省，东部的瓦达伊省和萨拉玛特省以及中部的巴塔省和盖拉省。武装斗争曾一度逼近首都，参加人数达 4000 人左右。此后，乍得军队人数不断增加。

1991 年 1 月，代比上台后，根据乍得政府和法国签订的《军事合作协定》，下令将政府武装部队改编为乍得国民军，全国共划分为 8 个军区，实行义务兵役制，服役期限为一年半。根据宪法，乍得总统代比为军队最高统帅。7 月，乍得同法国签订了军队缩编协议。根据协议，法国出资帮助乍得将军队编制减至 2.5 万人。精简整编后的乍得军队由总参谋部、陆军、空军和宪兵组成。

根据宪法，乍得总统代比为军队最高统帅。国防部是最高军事行政机构，下设国防军参谋部。其武装力量由正规军和准军事部队组成。2001 年，乍得总兵力 3.485 万人，其中陆军约 2.5 万人，空军 350 人。2012 年前后，乍得军队共有 2.535 万人，其中准军事部队 9500 人，包括宪兵 4500 人，共和卫队 5000 人。

乍得准军事部队也经过了一个人数逐步增长的过程。1964 年，乍得准军事部队共 1950 人。1982 年，部队人数增至 1.14 万人。其中，宪兵 1800 人，共和国卫队 800 人，农村民兵 3900 人。2004 年，全国就已经有宪兵 4500 人，共和国卫队 5000 人。

预算方面，1985 年，国防支出约为 200 亿中非法郎；1987 年为 90 亿中非法郎；1988 年为 100 亿中非法郎，占国家财政预算的 40% ~ 50%；1991 年为 160 亿中非法郎，占国家财政预算的

44.69%；1996 年为 200 亿中非法郎。进入 21 世纪，根据 2006 年
世界银行资料，2000 年、2003 年和 2004 年，乍得国防支出分别占
本国国民生产总值的 1.5%、1.5% 和 1.1%。2008 年，乍得国防
支出从 2004 年的 353.98 亿中非法郎增至 2757.17 亿中非法郎，比
2007 年增长 32%。2008 年，乍得用于武器采购的资金累计达 4.38
亿美元，约合 2081.41 亿中非法郎。2009 年采买武器支出减至
1470 亿中非法郎，到 2010 年，又回升至 1544 亿中非法郎。2011
年，乍得军事预算为 1.26 亿美元。

乍得还存在一定数量的外国驻军。这主要是联合国框架内的
乍得 - 中非维和部队力量，根据 2012 年数据，该部队包括孟加拉
国 138 人、贝宁 3 人、布基纳法索 2 人、刚果（金）1 人、埃及 2
人、埃塞俄比亚 2 人、法国 634 人、加纳 527 人、爱尔兰 10 人、
肯尼亚 3 人、马里 1 人、蒙古 268 人、纳米比亚 5 人、尼泊尔 581
人、尼日利亚 4 人、挪威 1 人、巴基斯坦 4 人、波兰 2 人、俄罗
斯 119 人、卢旺达 1 人、塞内加尔 10 人、塞尔维亚 14 人、斯里
兰卡 74 人、多哥 358 人、突尼斯 6 人（包括观察员 4 人）和美国
2 人。

二 对外军事关系

（一）乍得和法国的军事关系

乍得独立当日，法国即与乍得政府签订《军事合作协定》，要
求乍得在国防军事方面继续与法国保持合作。

乍得与法国的合作内容主要有如下几个方面。

首先，法国可以在乍得设三个军事基地，派常驻部队。法国在
乍得原有常驻军 1600 人，后增至 3000 人。1970 年下半年，法国

宣称开始从乍得"撤军"。1971 年 6 月，法国宣布撤军完成，实际仍留下近 2000 名士兵在乍得军队中"服役"。其中，伞兵和骑兵共 600 人，空军和军事顾问各 600 余人。

其次，法国可以应乍得政府请求，派兵干预乍得内部武装冲突。1969 年，法国派兵进入乍得支持托姆巴巴耶。1976 年，法国同乍得签署《军事技术合作协定》。1978 年，当反政府武装乍得民族解放阵线占领了乍得全国一半领土时，乍得政府请求法国出兵，法国派兵 1700 人赴乍得作战。1983 年，利比亚军队支持乍得反政府武装，法国赶运大批武器装备至乍得，并派特遣部队，逼迫乍得反政府军和利比里亚军队后退。1986 年 2 月，法国在乍得部署"食雀鹰"部队，在保护法国在乍得侨民的同时，为乍得政府军提供后勤支持，同时支援联合国中非共和国和乍得特派团（中乍特派团）。截至 2012 年，"食雀鹰"部队共有兵力约 950 人。1996 年 4 月，乍得发生兵变，士兵要求政府发放拖欠的军饷，此事件也是在法国军队的干预下才得以平息。同年 5 月，乍得发生两次兵变，士兵抗议总统卫队收缴第一次兵变军人的武器，并继续要求补发军饷。法国再次干预，平息了事件。

法国一直向乍得提供军事援助，并帮助乍得培训军事人员。2000 年 4 月，乍得与法国签署协议，法国于当年向乍得提供 4100 万中非法郎的军事援助，并计划在 3 年内，每年为乍得培训 25 名军官和 40 名下级军官。2004 年苏丹达尔富尔危机后，法国向乍得与苏丹边境派遣 200 名军人，执行维和任务。2007 年夏，法国启动对乍得国民与游牧民卫队重组支持计划，加强乍边境监控，确保乍得国家安全。

近年来，法国军方与乍得互访一直较为频繁。法军总参谋长、法国国防部长均定期出访乍得，视察法国驻乍军队。在 2007 年年底和 2008 年年初乍得爆发武装冲突前后，法国国防部长莫兰（Hervé Morin）就两次访问乍得。

最后，进入 21 世纪以来，反恐也成为法乍军事合作的重要内容。2013 年初，应法国邀请，乍得出兵马里协同法军打击恐怖分子，并取得胜利。11 月，乍得增兵中非，与法军和中非维和部队一同平息中非动乱。2014 年 2 月，乍得同意法军在其北方重镇祖阿尔建立空军基地，以监控乍得、利比亚边境地区局势。5 月，法国国防部长勒德里昂（Jean-Yves LeDrian）访问乍得，代比总统会见，双方就地区安全交换了意见。7 月，法国总统奥朗德访问乍得，宣布将在乍首都恩贾梅纳设立地区反恐中心。8 月，法国"新月形沙丘"行动参谋部在乍首都恩贾梅纳成立，法方派遣 3000 名军人直接参加该行动，目的是打击萨赫勒－撒哈拉地区恐怖组织，保证乍得等国的安全稳定。

（二）乍得与俄罗斯的军事关系

1975 年，苏联高级军事代表团访问乍得。两国签订了军事合作协定。1976 年乍得曾接受苏联一批军事装备，但两军往来不多。

近年乍得与俄罗斯的一次军事合作是在联合国维和框架下进行的。2009 年 11 月至 2010 年 12 月，俄罗斯派遣由 120 人、4 架米－6 重型运输直升机等组成的军事直升机兵团赴乍得，参加联合国中非乍得特派团维和任务。

（三）乍得与中国的军事关系

20 世纪 70 年代，中国曾经向乍得提供无偿军事援助和军事贷款。1990 年 8 月，中国与乍得曾签订军事贸易合同。

中乍双方军事交流有限，互访不多。1996 年 12 月 29 日至

1997 年 1 月 3 日，中国人民解放军总政治部副主任唐天标应乍得方面邀请，率中国军事友好代表团赴乍得进行友好访问。2006 年 10 月，中央军委副主席、国务委员兼国防部部长曹刚川在北京会见了来访的乍得国防部部长。

（四）乍得与国际维和部队

2001 年，乍得曾经与西非经济共同体成员国一起参加国际联合军事演习。

由于中非地区持续冲突，2007 年 9 月 25 日，根据安全理事会第 1778（2007）号决议，中乍特派团成立，总部设在乍得首都恩贾梅纳，任务是保护当地平民，促进地区和平。截至 2010 年 2 月 28 日，军警人员编制达 3814 人。

2009 年 1 月 14 日，安全理事会通过第 1861（2009）号决议，核准了中乍特派团军事部门的部署。2010 年 5 月 25 日，安理会通过第 1923（2010）号决议，修订了该特派团的任务，要求特派团与乍得政府一道工作，巩固已取得的成果，为特派团任务结束后的后续工作奠定基础。

2010 年 12 月 31 日，中乍特派团结束任务撤离后，联合国国家工作队及相关办事处继续留在乍得，为乍得人民提供帮助。

三　乍得反恐行动

乍得的反恐行动主要是针对尼日利亚的恐怖组织"博科圣地"。近年来，"博科圣地"的活动渗透到乍得，并给乍得社会稳定和人民生活带来严重威胁。

由于"博科圣地"在尼日利亚的袭击行动，大量尼日利亚难民和移居尼日利亚的乍得籍侨民涌入乍得境内，其中仅 2014 年 12

月中旬至2015年1月初，进入乍得的就有3000多名尼日利亚难民和500多名乍得侨民。乍得政府认识到应该积极参与地区维和，打击恐怖主义，保护自身安全。2015年1月起，乍得与邻国尼日利亚、喀麦隆、尼日尔以及贝宁合作，建立反恐多国联盟，全力打击"博科圣地"。1月16日，乍得国民议会通过决议，同意向尼日利亚和喀麦隆派兵，参与打击"博科圣地"。随后，乍得军队在喀麦隆的博多地区首次迎战"博科圣地"，并从恐怖组织手中夺回刚波鲁市。乍得军队还协助尼日尔军队抵抗住了"博科圣地"针对迪法镇的攻击，缓解了严峻形势。在尼日利亚，乍得也参与了联合军事行动并取得胜利。3月，乍得军队逐渐撤离尼日利亚，但是仍会在必要时支持尼日利亚军队的反恐军事行动。据不完全统计，乍得先后投入5000多名士兵参与作战，截至2015年8月，死亡75人，另有400多人受伤。在乍得湖地区国家（乍得、尼日尔、尼日利亚、喀麦隆和贝宁）由8700名士兵组成的联合部队中，乍得士兵约有3000名。

为了防止恐怖主义蔓延，乍得加强了与利比亚1055千米边境线上的军事部署，并借助法国"新月形沙丘"行动中的无人机和飞行器对乍利边境进行持续监视。乍得还与苏丹成立混合部队，加强对两国1360千米长边境线的监控。混合部队中乍得方人数为700~1200人。

为了继续帮助邻国应对武装冲突和打击恐怖主义、维护国内稳定，乍得政府加强了征兵力度。乍得2015年财政预算案中计划征召8000名士兵，其中，国防部占用76.78%的名额。

由于乍得在打击行动中表现积极，因而被"博科圣地"视为重点报复对象。2015年6月15日，"博科圣地"在乍得策划了自杀式爆炸袭击，攻击目标是乍得首都恩贾梅纳的两处警察设施，导致多人伤亡。这是乍得首次遭遇自杀式炸弹袭击。2015 年 10 ~ 11 月，乍得湖地区等地又发生了多起自杀式爆炸袭击事件，累计伤亡 50 余人。但是乍得政府并未因此放弃反恐，领导人态度坚决，表示将继续坚持打击恐怖主义。

乍得是世界最不发达国家之一，虽已独立 50 多年，但国民经济问题仍然十分严峻，产业结构、工业水平和对外贸易面临较大挑战，人民生活水平亟待提高。

第一节　概述

乍得是一个传统的农牧业国家。萨奥文化时期，乍得已经拥有比较繁荣的制陶等手工业。公元 8 世纪前后，乍得北方逐渐出现大批的阿拉伯移民，之后乍得的穆斯林化也影响了乍得经济的发展。公元 9～10 世纪，畜牧业与种植业逐渐发展起来。在法国殖民者入侵之前，乍得处于自给自足的农业经济时代，制陶、制革、纺织、染色等手工业也是乍得的传统行业。早在殖民者入侵以前，乍得南部地区的巴吉尔米人的锄耘农作已经达到相当高的水平。

20 世纪以来，法国的殖民统治改变并瓦解了乍得自给自足的经济结构，乍得被迫向法国提供廉价原材料和劳动力，购买法国的工业产品。法国基于自身的经济发展需求，要求乍得发展单一的棉花种植经济，尤其是在二战期间。这导致殖民时期乍得的农牧业发展停滞不前，同时，手工业的发展也受到了严重束缚，民族工业基本没有发展空间，在经济上彻底失去了独立性。殖民地经济发展模式导致乍得进入了极端贫困落后状态，为法属赤道非洲中经济最落后、国民收入最低的国家，1962 年人均国民总收入仅为 110 美元。

独立后，法国与乍得之间仍然保持着密切的经济、金融和财政关系，签订了一系列合作协定，强化法国对乍得的经济控制。法国棉花公司垄断着乍得全国的棉花收购、加工和销售；乍得的零售批发业务和对外贸易也基本控制在法国手中；法国银行更是操纵着乍得的财政与金融。这是乍得经济难以找到独立发展道路的重要原因。

乍得经济持续落后、人民生活困苦的另一个重要原因是乍得独立后持续数十年的部族矛盾、各派政治势力的斗争和武装冲突。1975 年、1982 年、1990 年先后发生 3 次军事政变，政权不断更迭。代比上台后至今，乍得国内政局相对稳定，但是军事冲突仍然时有发生，政府也不断改组，缺少稳定性，也影响了经济政策的稳定和执行力度。此外，乍得还经常受到旱灾与蝗灾等自然灾害的影响。

总的来说，虽然乍得经济相比独立前有了一定的发展，但由于受经济结构单一、内部冲突和自然灾害这三大不利因素影响，乍得政府制定的发展纲要与经济发展计划均面临重重困难。

1982～1990 年哈布雷执政时期，乍得内战不断，并且经历了罕见的大旱灾，但是由于政府重视恢复与发展经济，并采取了一些有效措施，乍得经济得到了一定程度的发展。政府采取了优先发展农牧业的策略，提高了农产品收购价格，采取了农具销售价格优惠政策，激发农民生产积极性。政府还加大投入，对田地和牧场进行保护，促进农牧业发展。同时，为了吸引外国投资者，政府还出台了优惠政策。1985 年，乍得政府制定了以实现粮食自给为目标的农业发展纲要和全国造林对抗沙漠的战略规划。1988～1989 年，乍得栗子、高粱产量创历史新高，棉花产量位列撒哈拉以南国家之首，畜牧发展也呈现出良好态势。工业方面，乍得在制糖工业和发电工业方面取得了一些成果，糖产量与发电量均达到历史最高水平。

20 世纪 90 年代初，代比执政后，乍得开始逐步调整产业结构，发展国民经济。首先，政府实行了公私经济并存的混合经济政策，认为需要鼓励中小型企业的发展，在棉花和纺织等行业，推行私有化。其次，由于乍得土地干旱，政府也重视水利灌溉领域的发展。1997 年，水利公司私有化磋商会举行。再次，在财政政策方面，乍得采取了财政紧缩政策，1996 年后，乍得进一步加快恢复和发展经济的步伐，制定了增收节支、加快资源开发、吸取外资、整顿海关、打击走私、保证税收等政策。最后，乍得依靠自己的力量不足以应对发展经济的挑战，因此积极争取国际援助，依靠国际货币基金组织和世界银行的支持实施经济结构调整计划，同时继续鼓励外商投资。因此，在整个 90 年代，乍得经济发展步伐有所加快。

进入 21 世纪以后，乍得石油工业获得较快发展，强大的投资和石油价格攀升的背景，为乍得经济注入了一些活力。2012 年，石油经济已经占乍得国内生产总值相当高的比例，但高度依赖石油的工业结构也使得乍得经济极易受世界石油价格波动的影响。根据国际货币基金组织数据，2014 年乍得 GDP 为 139.2 亿美元，居世界第 119 位，人均 1188 美元，虽远落后于世界平均水平，但经济增长率达 7.3%。农业在 GDP 中所占份额为 46%，工业占 14%，服务业占 40%。2014 年，乍得通货膨胀率为 1.7%。乍得的主要出口国为美国（80.68%）、日本（6%）、印度（4.3%），进口商品主要来自中国（35.8%）、法国（14.9%）和美国（7.2%）。2014 年法国对乍得出口额为 1.249 亿欧元，进口额为 550 万欧元。

目前，基础设施落后，技术人才、高素质劳动力的缺乏，腐败现象，政府行政审批程序烦琐，以及时有军事冲突，仍严重地制约着乍得经济的进一步发展，尤其影响外资的引入。

第二节　经济政策

作为农业国家，乍得非常重视农业政策的推进。进入 21 世纪以来，农业生产活动得到政府的极大重视。2002～2012 年的 10 年间，乍得政府曾设计制定了多个农业农村发展战略纲要，将农业生产活动摆在优先发展地位。但由于缺乏完善的评价体制，这些发展战略的实施效果无法评价。乍得也举行全国范围内的会议探讨农业问题，比如全国农村发展峰会（Forum national sur le Développement du Monde rural）。2013 年，乍得农业与灌溉部发布《农业发展五年计划》。该计划制订过程具有广泛的参与性，包括公共与私人部门在内的多家相关机构参与其中，目的是综合全国农村发展峰会等讨论的相关农业发展议题，如水资源管理、粮食危机预防、农业技术发展等。

进入 21 世纪以来，随着整个非洲经济复兴，乍得政府也认识到，需要制定全面的发展规划，解决本国经济问题。乍得先后通过实施了《消除贫困国家战略（2003～2006）》（Stratégie nationale de Réduction de la pauvreté 2003 – 2006）和《经济增长和消除贫困战略（2008 ～ 2011）》（Stratégie de croissance et de réduction de la pauvreté 2008 – 2011）。主要是加强和改善财政管理，有效控制财政支出，维持收支平衡；重点加大对基础设施建设、农村发展、医疗卫生、能源矿产开发、教育、通信等优先发展领域的资金投入，努力发展经济，减少贫困，改善民生。同时加强经济立法，鼓励工商业、农牧业发展，采取切实措施平抑物价、打击投机倒把和偷税漏税，并取得了一定成效。

继这两次战略计划之后，乍得政府又推出了《国家发展计划2013～2015》（le Plan national du Développement 2013 – 2015）。该计划认为，经过前一个阶段的发展，乍得的宏观经济条件并不乐观，人口年增长率约为 3.5%，这导致人均 GDP 增长缓慢；食品安全和温饱问题虽然有明显缓解，但是仍然令人忧虑。此外，虽然乍得内部军事冲突并不严重，但是邻国仍然时有危机发生，也威胁到乍得的安全，需要国际社会关注、应对和平安全问题。在此背景下，乍得必须加快经济增长，推动可持续发展，提高人民生活水平，特别是农村地区人民生活水平，改善妇女和年轻人的经济状况。《国家发展计划 2013～2015》确定了八个优先目标：持续发展、食品安全、保障就业、人力资源的发展、私营领域的发展、信息科技及通信发展、环境保护、改善治理。

为了实现以上目标，需要明确优先发展的领域，为每个领域制定专门的发展战略。这些优先发展领域包括交通设施、畜牧业、工业、中小企业、健康、教育、农业、环境、住房、矿产开发等。

由于前两次战略计划的评估工具未能明晰地表明计划的实效，因此，在对《国家发展计划 2013～2015》实效评估过程中还使用了新的观察和分析工具。

第三节 农业

一 种植业

（一）概况

从地理地质条件看，乍得的农业条件并不十分优越，尤其存在地区差异大的问题。北部撒哈拉沙漠地区，气候干燥炎热，生长着稀疏的灌木林。该区域大约占国土面积的47%，年均降水量不足100毫米。最主要的植物是海枣和棕榈。该地区的法雅是乍得海枣的主要产地。此外，撒哈拉地区有6000～7000公顷的棕榈种植地，约有100万棵棕榈树。果树、小麦、稻谷、蔬菜在该地区仅有少量种植。此外，该地区是乍得主要的骆驼养殖地。

中部的萨赫勒地区约占国土总面积的43%，主要由乍得湖以东的辽阔草原组成，西部有沙里河与洛贡河。年降水量在100毫米到600毫米。植物在雨季生长旺盛，旱季枯萎。这个地区是畜牧业的黄金地带，主要农作物包括大米、高粱、玉米、小麦、花生和芝麻等。

南部苏丹平原地区仅占国土总面积的约10%，却是乍得最重要的农业区及政治经济中心。年降水量在500毫米以上，夏湿热，冬干热，东部多沼泽。有多样化的农业生产系统，既有谷物、豆类、油料作物和块茎植物，以及棉花等作物的种植，也有牛、羊等动物的养殖，畜牧业发达。以家庭为单位进行的棉花种植因遭遇发展困境，正在转向其他更有前景的种植领域，如玉米、花生、大米、蔬菜、树木栽培和块茎植物（山药、芋头、木薯等）的种植。

　　所以，南部地区粮食供给比较丰富，偶有结余，而萨赫勒和撒哈拉地区则因气候问题粮食生产难以满足需求。政府每年不得不花费大量外汇进口粮食，保障国内粮食安全。乍得落后的运输系统及市场贸易机制更使乍得难以平衡本国各地区的粮食需求与供给，尤其当萨赫勒地区迎来旱季时，粮食安全问题尤其突出。

　　除了粮食产量少，地区差距大，乍得农业面临的另一个严峻问题是机械化水平一直低下。独立之后，乍得的农业机械化虽然稳步推进，但进程缓慢，是乍得农业发展缓慢的重要原因。整个 20 世纪 90 年代，其机械化几乎停滞不前。全国农用拖拉机数量由 1991 年的 165 台增至 2000 年的 175 台，收割－脱粒机则由 18 台减为 17 台。21 世纪初期，乍得农业机械化水平仍停滞不前。但是，为了实现人民温饱，乍得政府近年来以将乍得打造成"非洲粮仓"为目标，努力推进农业机械化。2009 年，一家拖拉机组装厂在恩贾梅纳建成。2012 年，在"全国粮食安全计划"的框架下，政府给农民们发放了近千台拖拉机，各地区的农民均有受益。但乍得农业机械化水平仍然很低，大部分农民只能通过人力或畜力牵引的犁来耕地，效率低下。

　　农业生产是乍得人民的主要经济活动。2006 年，虽然农业产值仅占国内生产总值的 20.5%，但农业人口占总人口的比例高达83.2%。2011 年，农业产值占其国内生产总值比例达 52.7%。尽管石油工业近年来发展势头强劲，农业人口仍占到全国劳动人口的80% 以上。

　　近年来，石油工业的发展为政府带来了巨额财政收入。但是，乍得仍旧面临着严重的粮食安全问题，尤其是北部和东部的萨赫勒地区，自 2010 年起几乎每年都会出现粮食不足或饥荒的问题。乍得粮食安全问题很大一部分源于自然灾害的肆虐。乍得的雨季一般从每年的 6 ~ 7 月延续到 9 ~ 10 月，降水量过多不仅不利于农作物的发芽，严重时甚至会引发洪涝灾害，严重影响农作物收成。2011 年，代比第四次当选乍得总统，他承诺将加大农业建设力度以终结乍得的"饥荒循环"。但从 2010 年至今，乍得每年粮食产量缺口仍达 50 万吨以上。联合国粮农组织的一份报告称：截至 2014 年，乍得约有 20% 的人口即 240 万人受到粮食不足问题的困扰，其中 3.6% 的人口即 42.8 万人处于严重缺粮的紧急状况中。

不可否认的是，乍得可耕地面积达 80 万平方千米，农业发展具有一定潜力。乍得湖边东南约 40 万平方千米的地区适宜发展农业。2012 年，乍得全国耕地面积达 4.91 万平方千米，约占国土面积的 3.9%，且呈现逐年增加的趋势。

（二）粮食总产量

20 世纪 60 年代到 80 年代是乍得粮食生产极端困难的时期。自 1985 年起，得益于哈布雷政府促进农业生产的措施，粮食产量开始有起伏，1985 年的产量上升至 70 余万吨，到 1988 年，产量首次破 80 万吨大关（见表 4 - 1）。究其原因，良好的气候条件以及相对稳定的政治环境为粮食产量的爬升奠定了基础，此外，同时期棉花生产的低迷也为粮食生产带来了额外的劳动力。

进入 90 年代，乍得粮食生产进入一个良好的持续发展期。在这 10 年间，乍得的粮食产量频频突破 90 万吨，其中有 3 年产量达百万吨以上。2001 ~ 2005 年，乍得年均粮食产量在 120 万吨以上。在经历过 2004 年的减产后，乍得粮食产量不断稳步上升并于 2008 年首次突破 200 万吨，虽然 2011 年产量骤跌，但 2012 年、2013 年

表 4 - 1　1961～1990 年乍得的粮食总产量

单位：吨

年份	粮食总产量	年份	粮食总产量	年份	粮食总产量
1961	755600	1971	663885	1981	401400
1962	695100	1972	485010	1982	392900
1963	950000	1973	468000	1983	449729
1964	770100	1974	593830	1984	354966
1965	664000	1975	590950	1985	704919
1966	703855	1976	590000	1986	634644
1967	725205	1977	619500	1987	548556
1968	721400	1978	640700	1988	808086
1969	715350	1979	549700	1989	616841
1970	676354	1980	572800	1990	601390

数据来源：http：//data. worldbank. org. cn/indicator/AG. PRD. CREL. MT？locations = TD&view = chart。

和 2014 年均取得了比较令人满意的产量，其中 2012 年为历史最高产量，约达 316 万吨（见表 4 - 2）。

表 4 - 2　1991～2014 年乍得的粮食总产量

单位：吨

年份	粮食总产量	年份	粮食总产量	年份	粮食总产量
1991	812000	1999	1230798	2007	1972036
1992	976310	2000	930038	2008	2018649
1993	617078	2001	1321294	2009	1581147
1994	1174869	2002	1212390	2010	3247582
1995	907316	2003	1618139	2011	1657177
1996	877738	2004	1212904	2012	3161244
1997	985833	2005	1853396	2013	2622545
1998	1312151	2006	1913311	2014	2748668

(三) 各类粮食作物

乍得的主要粮食作物有稻谷、高粱、粟子、小麦、玉米等。粟子和高粱是绝大多数乍得人，尤其是东南部地区人民的主要粮食作物。在半沙漠地区也有粟子种植。玉米种植广泛，也是乍得湖地区居民的主食之一。木薯和薯蓣耐旱且容易生长，是乍得居民的传统食物。

1. 稻谷

稻谷种植的推广与二战时期法国在洛贡河一带强制推行稻谷种植有关。虽然当时是为了满足殖民军队的需求，但稻谷的生产与食用习惯保持至今，稻谷成为乍得人最主要的粮食作物。目前的主要产区仍在洛贡河河谷一带。

20 世纪 90 年代以前，乍得稻谷产量和种植面积都有明显增加，邦戈尔稻谷生产区得到政府大力扶持。之后的乍得政府对谷物种植也给予极大的重视，并从中国等国家获得农业技术援助。90年代，除 1993 年与 1995 年稻谷产量未超过 9 万吨外，其他年份产量均维持在较高水平，1999 年更是达到了 13.8 万余吨。该时期的乍得谷物产量比独立之初增长了 4~6 倍。

21 世纪头 10 年的后半期，乍得制订了一个大规模的稻谷发展计划，建立以邦戈尔为中心的稻谷生产基地，引进新技术、新品种和新设备，进行稻谷现代化大规模生产，以期实现稻田种植 25 万公顷，产量达到既可满足自身需求还可出口至国外的水平。该时期的水稻种植也维持在高产的状态，尤其是 2008 年以来，产量便不断攀升，不到 10 年便增产 20 多万吨（见表 4－3）。2011 年，乍得政府开始了一系列乍得湖沿边的耕地规划，在原有 1.2 万亩耕地的基础上，将近 1.1 万亩耕地交付农民手中以开展生产，而其中很大一部分将用于稻谷种植，这在很大程度上也提高了乍得的稻谷产量。

表 4 – 3　1991～2014 年乍得稻谷产量

单位：吨

年份	产量	年份	产量
1991	117725	2003	126024
1992	108211	2004	91083
1993	23104	2005	148702
1994	90548	2006	106572
1995	78978	2007	106379
1996	97728	2008	169764
1997	112288	2009	130784
1998	120666	2010	186118
1999	138282	2011	172687
2000	92624	2012	177744
2001	112167	2013	378426
2002	134880	2014	304112

数据来源：www. fao. org/faostat/en/#data/QC。

2. 高粱

高粱是乍得居民传统的粮食作物之一，也被用于喂养牲畜及酿造啤酒，其产地主要集中在洛贡河和沙里河中下游一带。在乍得湖地区，农民为确保收成和合理安排劳力，实行一种类似地区退洪耕作的高粱种植方式：将高粱播种在苗床内，待雨季即将结束、湖水退缩时移栽，并适当引水灌溉，至旱季中期时收获。高粱产量受气候因素影响起伏较大。

1961～1984 年的 20 多年间，高粱年产量呈下滑趋势。20 世纪90 年代，产量有所提升。进入 21 世纪后，高粱年产量基本在 50

乍 得

万吨上下，更有数年达 60 万吨以上。2011 年，乍得高粱产量达 64.5 万吨，约占全球产量的 1.1%，产量位列全球第 17，单位产量约为每公顷 8.2 吨；2012 年甚至创历史最高纪录，达 117.2 万吨。2013 年和 2014 年产量有所回落。

3. 栗子

栗子也是乍得人民的主要传统粮食作物之一，主要产区位于乍得湖沿岸平原和东南部萨拉马特河流域。1961～1987 年的 20 多年间，栗子产量呈下滑趋势，由 31 万吨减至 20 余万吨。1987～2000 年，乍得栗子一般年产 20 万～30 万吨。进入 21 世纪后，栗子生产形势明显好转，2003 年创历史最高水平，达到 51.6 万吨，之后生产纪录不断被刷新，2012 年达到 84.7 万吨。

4. 小麦

由于撒哈拉以南国家自身气候及土壤条件等因素不利于小麦的生长，在独立之后很长一段时间里，小麦始终是乍得需求量最小的粮食作物。其产地主要集中在乍得湖沿岸，而北部沙漠地区的绿洲及干河谷也有少量种植。1967 年，负责组织小麦种植的湖区开发公司（Société pour le Développement du Lac）成立，产出的小麦被运往恩贾梅纳的国有磨坊进行面粉加工生产。到 20 世纪 70 年代末，该公司曾计划扩增 200 平方千米的小麦种植面积，但最终因乍得湖一带的战事及农民的反抗而中止。之后，随着经济的发展与文化的交流，城市人口的增长，以及群众的生活水平不断提高，人们对细粮及面包的需求也在不断地增多，乍得仍不得不进口一定数量的小麦。

乍得产小麦的数量有限。进入 90 年代后，年均产量达 3067 吨，产量较为平稳。进入 21 世纪，乍得小麦年产量基本在曲折中上升，尤其在 2007 年产量大幅增长，2012 年达历史峰值，产量为 8750 吨。

5. 玉米

在乍得，玉米是继高粱、稻谷之后最重要的粮食作物。乍得的玉米产量，自独立以来呈现出不断上升的态势。20 世纪 90 年代初见证了乍得玉米产量的突破：最初两年分别为 4.77 万吨和 8.74 万吨，1994 年和 1998 年产量则创历史最优纪录，分别为 15.88 万吨和 17.99 万吨，1999 年和 2000 年产量又有所回落。20 世纪 90 年代可以说是乍得玉米的高产年，年均产量达 9.29 万吨。

进入 21 世纪后，玉米产量起初相对稳定，从 2005 年起，产量开始达到 20 万吨，之后基本维持在该水平，2012 年、2013 年、2014 年分别达 45.6 万吨、41.8 万吨和 33.3 万吨。

6. 木薯

木薯是乍得的另一传统食物，同时也是农村地区的主食之一。木薯的优势是其耐旱性较强，能在投入较少劳力和生产资料的前提下，在贫瘠土地上获得一定收成。1991～2013 年，木薯种植面积基本维持在 2.4 万公顷左右。20 世纪 90 年代，绝大部分年份的年产量在 30 万吨以下，总产量为 281 万吨。进入 21 世纪后，乍得木薯产量又有所回升。头 5 年的年产量保持在 30 万吨以上，但自 2006 年起，木薯产量基本维持在 25 万吨上下，2008 年为木薯低产年，仅为 16 万余吨。2013 年，木薯产量突破 30 万吨。

7. 薯蓣

薯蓣是乍得的另一传统食物。1991～2005 年，薯蓣年产量比较稳定，除了 1993 年以外，每年为 23 万～24 万吨。2013 年薯蓣种植面积达 4.5 万公顷。

（四）经济作物

乍得主要的经济作物有棉花和花生。

乍得产的棉花分长绒棉和短绒棉两种。短绒棉在乍得的种植历史相当久远，与尼日利亚北部、多哥北部、布基纳法索、中非共和国等一样，乍得是非洲传统的短绒棉种植中心之一。长绒棉种植始于 19 世纪后半叶和 20 世纪初，主要产地为洛贡河流域、美伊奥－凯比、中沙里、萨拉马特等地，且逐渐向东发展。

殖民时期，法国殖民者为满足自身需求，强制乍得在南部最肥沃的土地上种植棉花，由法国赤道非洲棉花公司进行控制。乍得独立以后，法国仍然控制乍得棉花的收购、加工和销售。20 世纪 60 年代，棉花市场价格下跌，乍得棉花产量随之下降。70 年代，乍得逐渐成为仅次于埃及、苏丹的非洲第三大产棉国。90 年代，产量又有明显提升。根据粮农组织的估计，进入 21 世纪后的前 5 年，乍得的籽棉产量有所波动，近年来产量维持在 4 万吨上下。2014年，乍得棉花产量为 4.8 万吨。

花生也是乍得重要的经济作物，其耐旱的特性在萨赫勒地区尤其受到重视。乍得主要的花生产区在西南部的沙里河上游，并逐步往东部的瓦达伊地区发展。乍得大部分植棉区的自然条件也适宜花生种植，人们甚至将没经过筛选的种子播种在地里，产量也能达到每公顷 1600 公斤，且所获花生含油率高、含酸少。20世纪 90 年代，乍得花生产量有所提高，尤其从 1995 年起，花生生产进入持续增长阶段，1995 年为 29 万余吨，1996 年达 30 万余吨。21 世纪前 5 年年均产量进一步提升，达到 45 万吨，是法国殖民时期年产量的 3 倍多。随后，经历过 2007 年的低产，花生产量基本保持稳中有升。2012 年，乍得花生产量为 129.8 万吨。后有所回落。

二 林业

乍得东部边境的阿比尔廷高原是乍得林区的集中地。林地占地约 1650 万公顷，规模不大，主要是阿拉伯树胶林种植园。其产量容易受到旱情的影响，成品主要用于出口。

此外，乍得还生产工业用圆木。独立之后，圆木产量也有所增加。1961 年产量为 31.2 万立方米，1996 年达到 70.5 万立方米。进入 21 世纪后，圆木产量保持稳定，年平均产量近 75 万立方米。

三 畜牧业

石油工业发展起来之前，畜牧业在乍得经济中的重要性仅次于农业，乍得是中部非洲地区主要的畜产国之一。畜种主要包括牛、羊、骆驼、马和驴等。乍得的主要牧场集中在中部和东部的萨赫勒地区，这里有荆棘丛生的干旱草原，是良好的天然牧场。乍得境内有许多肥沃的牧场，牧地面积约为 4500 万公顷，占全国总面积的 1/3。南方农业区则出产猪和其他小牲畜。

畜牧养殖是贫困人口的重要收入来源，对于生活在半干旱地区的人口而言甚至是唯一的收入来源。乍得牲畜出口目的地为中非、苏丹、喀麦隆和尼日利亚等邻国，其中以尼日利亚进口规模最大。

乍得畜牧业发展存在两种类型：个体的粗放养殖以及城市或城市周边的集约养殖。粗放养殖主要集中在乍得干旱和半干旱地区，主要的养殖畜种包括牛、绵羊、山羊和骆驼科动物等。牧场粮草及水源的供应变化促使养殖户采取游牧或半游牧这类依赖天然草场的饲养方式。最普遍的方式是定居放牧，每年的大部分时间里，牧民驱赶着牲畜在天然草场、抛荒地及闲田上觅食，仅在作物收获之后让牲畜进入田地中采食残茬或喂食牲畜一些秣秸。但难以预测的气候灾害往往给粗放养殖的管理带来难题。与此同时，这类养殖方式也给当地农林业发展造成了一定的压力。目前，越来越多的游牧养殖户倾向于从事农业生产以安居乐业。另外，个别农户也会在从事农业种植的同时进行畜牧养殖，主要有鸡、羊、牛等。这些畜牧养殖为他们的农业生产活动提供了一定的肥料及畜力，同时也是一种资产储备办法。粗放的饲养方式是乍得牲畜质量不高、产量低的主要原因。

此外，伴随着快速的城市化及生活水平的改善，居民对肉制品及奶制品的需求不断提高。乍得南方部分城市以舍饲集约饲养为基础的农产品加工工厂在这方面呈现出很好的发展潜力，同时也给公共部门的卫生监管带来了一定的挑战。目前，乍得对肉制品及奶制品的需求在很大程度上仍依靠进口。

自独立以来，乍得牲畜总数逐步增长。以山羊和牛为例。1997 年，山羊、牛总数分别突破 400 万、500 万头（只）大关，达到 482 万和 545 万；1998 年则又分别达到 493 万余头（只）和 558 万余头（只）；1999 年，山羊、牛总量均超过 500 万头（只）。自 1997 年开始，总数超过 1000 万头（只）且呈现出逐年上涨的趋势；进入 21 世纪后，上涨势头仍在继续，2004～2014 年，牛、山羊存栏总量增加了 200 多万头（只），达到 1470 万头（只）的历史最高水平（见表 4–4）。

表 4 – 4   2004～2014 年乍得历年牛、山羊存栏总数

单位：头（只）

种类 年份	牛	山羊	总计
2004	6400000	5716800	12116800
2005	6540000	5842600	12382600
2006	6680000	5971000	12651000
2007	6909586	6140295	13049881
2008	7075416	6287662	13363078
2009	7245226	6438566	13683792
2010	7419100	6700000	14119100
2011	7650000	6750000	14400000
2012	7800000	6780000	14580000
2013	7800000	6800000	14600000
2014	7850000	6850000	14700000

注：表中 2010 年后的数据为世界粮农组织的估算数据。

数据来源：http：//www. fao. org/faostat/en/#data/QA。

四 渔业

乍得南部水域面积广阔，有乍得湖、沙里河和洛贡河等三大捕鱼中心区，渔业资源较丰富。渔民主要是波陀马族和科托科族，其中包括专业渔民和季节性渔民。乍得渔业生产水平低，捕鱼方法传统，如用独木舟进行手工捕鱼，渔具及捕捞方法简单。进入 21 世纪后，部分渔民开始尝试使用尼龙挂腮网、舷外马达推动的玻璃纤维船等相对先进的捕鱼设备。

乍得非常缺乏水产品存储和运输设备。乍得渔业普遍缺乏专业的加工冷藏设备，新鲜的水产品一般供渔民食用或就地消费，或由鱼商收购以供国内居民消费或出口。2013 年，新鲜水产品和加工后产品的外汇收入居出口收入的第三位。

20 世纪 90 年代，乍得渔业年均产量在 7.8 万吨左右。进入 21 世纪，乍得鱼的年产量持续增长，详见表 4 – 5。

表 4-5 2001~2015 年乍得的鱼产量

单位：吨

年份	产量	年份	产量
2001	75000	2009	88003
2002	70000	2010	91003
2003	71000	2011	95003
2004	74000	2012	100003
2005	77000	2013	120003
2006	79000	2014	120023
2007	82000	2015	110003
2008	85003		

数据来源：http：//data. worldbank. org. cn/indicator/ER. FSH. PROD. MT? locations = TD&view = chart。

第四节 工业

一 概况

乍得是原法属赤道非洲国家中工业最落后的国家。受电力不足、运输发展程度低及资金短缺等困扰，乍得工业经营困难较多。

独立之初，乍得仅有零星几家农产品加工工厂，工业产值仅占国内收入的 3%。主要以棉花加工业为主。法国赤道非洲棉花公司垄断了乍得的棉花加工工业。当时，乍得作为一个产棉国没有一家纺织厂，国内所需纺织品全部从法国进口。

独立后，乍得逐步开设了棉籽加工厂、肥皂厂、肉类加工厂、碾米厂、花生油厂和奶制品厂等。20 世纪 60 年代中期，外商在乍得建立了面粉厂、制糖厂、酿酒厂、纺织厂等。

到 1990 年，乍得工业产值为 507 亿中非法郎，占国内生产总值的 17.7%。2001 年、2002 年，工业产值均占国内生产总值的 13.6%。全国只有 7% 的劳动力从事工业生产。2004 年，伴随着对乍得石油资源的开发，公路运输等基础设施建设需求大大增加，该年工业产值占国内生产总值达 47.1%（见表 4 - 6）。

表 4 - 6　1960 ~ 2016 年乍得工业产值占国内生产总值比例

单位：%

年份	占比	年份	占比	年份	占比	年份	占比	年份	占比
1961	10.1	1973	15.4	1985	13.1	1997	14.2	2009	13.6
1962	9.2	1974	15.7	1986	15	1998	13.5	2010	12.3
1963	9.8	1975	15.5	1987	14.6	1999	12.8	2011	13.1
1964	10.4	1976	15.4	1988	13.5	2000	11.3	2012	13.0
1965	11.8	1977	13.6	1989	16.7	2001	13.6	2013	13.8
1966	13.1	1978	13.6	1990	17.7	2002	14.8	2014	15.1
1967	13.5	1979	10.4	1991	13.3	2003	24.4	2015	14.2
1968	14.5	1980	8.9	1992	13.4	2004	47.1	2016	14.8
1969	13.6	1981	11.7	1993	14.1	2005	9.4		
1970	13.5	1982	12.4	1994	11.9	2006	10.2		
1971	13.4	1983	13.3	1995	13.6	2007	9.9		
1972	13.5	1984	16	1996	12.9	2008	10.7		

数据来源：http：//data. worldbank. org/indicator/NV. IND. TOTL. ZS？ locations = TD&view = chart。

21 世纪以来，棉花生产与加工仍然是乍得工业中规模最大的行业。乍得国营棉花公司（Coto-Tchad）主要负责棉花的生产与出口，是该国最大的生产性企业。2002 年，乍得政府对棉花生产的附属行业如榨油、肥皂生产等进行了私有化。棉花籽油的生产则主要集中在萨尔和蒙杜两地。此外，传统工业如食品加工、卷烟、屠宰、面包、面粉、制糖、啤酒等行业在乍得依然存在，与独立初期相比，达到了一定的机械化水准。此外，伴随着对公路及学校等公共设施的投资，乍得建筑行业在 2002 年获得良好发展。同年，乍得政府还计划修建水泥厂、洗涤剂生产厂及农用设备组装厂。此外，考虑到过高的电力成本，乍得轻工业仍有很大的发展空间。

为促进本国工业发展，乍得政府采取了积极的投资政策，并得到了来自印度和中国的相关援助，前者的援助主要集中在纺织、拖拉机组装、拉丝、果汁生产等领域，后者的援助则集中在水泥、炼油及免税区发展等方面。

二　电力工业

1945 年，美国一家电业公司率先在乍得建立了柴油发电厂并开始发电。50 年代，由外国资本控制的赤道电力公司掌控着乍得所有的电力生产和供应，其发电机组装机容量为 1620 千瓦，年发电量为 670 万～770 万度。1968 年，乍得国有电力公司成立，并扩建电站，逐步提高本国的电力供应能力。1985 年，全国有两家大型发电厂，其中有一座燃油热电厂，首都用户占全国用户的 2/3。1997 年装机容量为 22000 千瓦，发电量为 5900 万度。

目前，乍得电力的生产与供应仍然由乍得国有电力公司负责。全国共有 4 座发电站，分别位于恩贾梅纳、萨尔、蒙杜和阿贝歇，发电机组规格分别为 22000 千瓦、620 千瓦、170 千瓦和 90 千瓦。这些发电站均是以粗柴油为原料的热发电站，相对比较落后，渐渐有被重油原料发电站取代的趋势。总的来说，乍得境内零星分布的发电站并不能满足其国内的用电需求，对经济活动的开展也造成很大的阻力；但在中国等国家的资助下，乍得的电力基础设施也在不断完善。

三　石油工业

21 世纪初以来，乍得石油产业迅猛发展。经过外国公司近 30 年的开发，乍得在 2003 年 7 月成为石油出口国。

乍得的石油勘探开始于殖民时期，法国公司曾经进行了一些勘探工作。由于乍得北部及西部分别与非洲石油大国利比亚、尼日利亚接壤，乍得独立后，西方大国一直寻求在乍得进行石油勘探。1970 年，美国大陆石油公司首先获得乍得政府的石油勘探许可，1974 年开始钻探。随后，美国的埃索公司和英荷壳牌等公司也参与了勘探活动，先后在乍得湖赛迪基地区和多巴盆地发现石油。

乍得的石油资源具有分布广、储量大的特点。油脉从东洛贡省一直延伸到南方的萨拉马特、西洛贡、凯比河、中沙里、坦吉莱省。此外，北方的博尔古、恩内提、提贝斯提等省也发现有石油，据估计，乍得至少蕴藏有两亿吨石油，可供开采 25 年以上。英国石油公司于 2005 年 6 月发布的《全球能源统计年鉴》显示，乍得拥有探明石油储量 9 亿桶。2005 年乍得的石油产量大约为 24.9 万桶/天，石油产量为 990 万吨。

多巴盆地石油储量最为丰富。该地区地质结构复杂，原油的含蜡量和黏度均较高。该地的石油开采由三个主要油田完成：巴拉博（Bolobo）、科海（Komé）和米昂杜（Miandoun）。该地区所产原油几乎全部用于出口。除此以外，乍得石油还分布在邦戈尔盆地及赛迪基（Sédigui）盆地，前者位于小城布索（Bousso）南部 20 千米处，在库达勒瓦村（KoudAlwa）附近的罗尼耶（Rônier）和米莫萨（Mimosa）；后者预计石油储量达 1.5 亿桶，但目前尚未开发。

2003 年 10 月 10 日，非洲最大的石油开发项目——乍得多巴油田和乍得–喀麦隆输油管道正式投产，这标志着乍得正式成为石油生产出口国。由于乍得无出海口，此前建设了一条输油管线，从多巴地区横穿喀麦隆全境到大西洋海岸的可里比小镇，全长 1200 千米，其中乍得境内部分为 200 千米，总造价为 2500 亿中非法郎。自此，石油逐渐成为乍得经济的重要支柱产业，乍得经济也因此得到很大改观：1999 年和 2000 年，乍得经济年增长仅 1%，2000 年石油运输管道开工后，其经济年增长率猛增至 9%。石油开采也改变了乍得出口格局，石油一跃而成最重要的出口产品。2004 年 12 月，乍得政府将新的油气勘探许可证授予乍得能源石油公司。

由于乍得在炼油技术方面需要与外国进行合作，中国与乍得复交后的一个标志性合作项目是建设恩贾梅纳炼油厂，该厂由中油国际有限公司和乍得石油部代表乍得政府共同出资兴建，2008 年动工。中方占 60% 股份，乍方占 40% 股份，合作期限 99 年。主要产品有汽油、柴油、煤油、液化气、聚丙烯等。自备电厂除满足炼油厂 20 兆瓦用电外，可向恩贾梅纳市供电 20 兆瓦。

由于持续开采，多巴盆地石油产量有所放缓。2013 年，中国石油工程建设公司乍得分公司在国际公开竞标中胜出，一举中标加拿大格里芬斯（Griffiths）公司站间管道项目。与此同时，随着加拿大格里芬斯公司运作的巴迪拉（Badila）油田和芒格拉（Mangara）油田的建成和投产，乍得石油产量在 2014 年有所增加。

第五节　服务业

自乍得独立以来，服务业产值一直在乍得国内生产总值中占据较高比重。1980～1990 年，其产值比重从 46% 攀升至 53%，达到历史最高纪录。2002 年，服务业产值占国内生产总值的 45.7%，全国 21% 的人口从事服务业，主要集中在交通运输业和公共服务业领域。自 2004 年起，随着石油工业在乍得的迅猛发展，服务业占国内生产总值的比例总体呈下降趋势，2013 年仅为 33.1%。

1960 年以来，乍得服务业占国内生产总值的比例变化详见表 4-7。

表 4-7 1960～2016 年乍得服务业占国内生产总值比例

单位：%

年份	百分比	年份	百分比
1960	49.6	2005	35.7
1965	50.5	2006	33.1
1970	46.9	2007	34.1
1975	46.2	2008	33.4
1980	46.0	2009	38.6
1985	48.9	2010	34.3
1990	53.0	2011	33.8
1995	50.5	2012	31.9
2000	46.3	2013	34.3
2001	44.6	2014	32.3
2002	45.7	2015	33.4
2003	42.0	2016	35.1
2004	29.4		

数据来源：http：//data. worldbank. org/indicator/NV. SRV. TETC. ZS？locations = TD&view = chart。

第六节 交通与通信

一 交通

乍得地处中非腹地，是一个内陆国家，离首都恩贾梅纳最近的邻国出海口是喀麦隆的杜阿拉，相距 1970 千米。乍得虽然具有战略性地理位置，但其交通运输比较落后，畜力、独木舟和人力仍在发挥着相当重要的作用。

（一）公路

乍得交通主要依靠公路运输。

法国殖民者在乍得修建了一些公路，为自己的军事和经济活动服务。从拉密堡到另一军事要地阿尚博堡的军事公路为 580 千米，在第二次世界大战中，曾改建为全天候通车的高级公路。独立之初，乍得拥有公路 18800 千米。乍得公路设施相对落后，大部分道路因未经铺设，雨季泥泞无法通车，但这一状况也在不断改善。截至 2013 年，乍得境内公路总长约为 40000 千米，其中 1724 千米为沥青路。乍得政府期望在 2016 年前后将沥青路里程数提升至 6000 千米。恩贾梅纳与北部城市蒙杜的公路建成通车，极大地改善了首都与北部农区的交通。

乍得的对外交通依靠四条主要公路，干线全长一万多千米。第一条由首都恩贾梅纳经刚果（布）的布拉柴维尔到黑角港；第二条由恩贾梅纳经喀麦隆的雅温得通达杜阿拉港；第三条由恩贾梅纳经尼日利亚的恩古鲁，转火车抵拉各斯港，这是一条以运送出口棉花为主的运输线；第四条由瓦达伊牧区穿过沙漠通到苏丹的苏丹港。

（二）航空

乍得独立前，法国因军事需要，在乍得全境建有 36 个机场，其中拉密堡机场是一个现代化的大机场。第二次世界大战时，乍得是自由法国军队的基地，与美军合作。美国轰炸机从乍得机场起飞，轰炸轴心国军队的阵地。自由法国政府著名将领勒克莱尔将军从乍得发动了著名的对德沙漠迂回战。在中非地区发生军事冲突时，拉密堡机场在法国的军事行动中也扮演了重要的角色。

目前乍得全国有 50 个机场。其中首都恩贾梅纳国际机场是非洲国际航线的重要中转站之一，可起落波音、空客等大型远程飞机，法国、利比亚、苏丹、埃塞俄比亚和非洲航空公司均有航班连接恩贾梅纳。机场目前由国际航空安全部非洲分部（International Agency for Air Navigation Security in Africa）管理运营。此外，国内萨尔、蒙杜和阿贝歇等几个主要城市之间均有航班。

（三）铁路

乍得铁路建设长期滞后。2011 年，乍得政府确定了总额达 70 亿美元的铁路修建计划，工程预计将连通首都与红海边的苏丹港及大西洋边的杜阿拉港。2012 年，中国铁建中土集团公司与乍得政府签订铁路修建承包协定，负责修建乍得境内的两段干线铁路。其中，南线途经库特雷、蒙杜、恩贾梅纳，铁路线长 527.93 千米；东线途经恩贾梅纳、阿贝歇、阿德雷，全长 836.16 千米。

（四）水运

乍得全国河道总长 4830 千米，其中 2000 千米左右的水道可全年通航，主要是乍得西南部的沙里河和洛贡河水域。从首都到乍得湖只能通行吨位较小的货船，洛贡河从恩贾梅纳到喀瑞河段可以通航。

二 通信

乍得通信业不发达，通信费用高，覆盖率低。在 20 世纪 90 年代，固定电话的占有率上升得极其缓慢，直到 21 世纪前 10 年发展速度才有所提升。乍得电信公司曾长期垄断乍得固定电话和国际长途电话业务。移动电话在 2000 年之后发展非常迅速，远超过固定电话。这与外国电信企业进入乍得关系很大。2000 年，"Anglo-Dutch MSI Celtel" 和 "Egyptian Orascom" 公司进入乍得移动通信市场。2008 ~ 2012 年，移动电话用户数量翻了一番有余，达 450

万注册用户，约占总人口的 25%。

互联网服务在乍得发展的速度较慢。由于互联网价格昂贵及乍得公民总体文化教育程度低，大部分乍得人仍旧没有机会接触互联网。21 世纪初，乍得电信公司是乍得唯一的互联网服务提供商，2001 年，公司约有 4000 名注册用户。到 2002 年，互联网服务提供商发展为 11 家，注册用户比前一年增长近 3 倍，达 15000 户。2003 年 4 月，Celtel 公司宣布在乍得北部设服务网络，争取 2006 年覆盖乍得全境。此后，更多来自欧洲等不同地区的供应商也进入乍得。

2008 年，中国中兴通讯和乍得国家电信公司合作开发的 CAMA 网络完成了对乍得首都恩贾梅纳的覆盖，在一定程度上降低了乍得通信费用，完善了乍得通信条件。

2011 年，乍得通信业总产值约合 2.4 亿美元，主要由欧洲、印度及非洲供应商主导。

1965 年至 2013 年乍得每千人拥有的通信设备变化情况详见表 4-8。

表 4-8　1965~2013 年乍得每千人拥有通信设备数量变化

年份	每千人拥有通信设备数量	
	固定电话（部）	移动电话（部）
1965	0.45	—
1975	0.6	—
1985	0.4	—
1995	0.8	0
1996	0.8	0
1997	1	0
1998	1.1	0
1999	1.2	0
2000	1.2	0.7
2001	1.2	2.6

续表

年份	每千人拥有通信设备数量	
	固定电话（部）	移动电话（部）
2002	1.3	3.8
2003	1.3	7
2004	1.4	12.7
2005	1.3	21
2006	1.9	45
2007	3	85.9
2008	4	145
2009	5	200.6
2010	4.4	245.3
2011	2.6	303.5
2012	2.2	353.6
2013	2.4	355.6
2014	1.8	397.5
2015	1.3	401.7
2016	1.0	444.8

数据来源：移动电话数据，http：//data. worldbank. org. cn/indicator/IT. CEL. SETS. P2？locations = TD；固定电话数据，http：//data. worldbank. org. cn/indicator/IT. MLT. MAIN. P2？locations = TD；互联网数据，http：//data. worldbank. org. cn/indicator/IT. NET. USER. P2？locations = TD。

第七节　财政与金融

一　财政

乍得政府财政收入长期处于赤字状态，主要依靠税收和外国援助来保持收支平衡。由于独立前乍得财政依赖于棉花经济，独立前后，棉花产业的税收约占乍得全国税收的1/3。乍得的外援国以法国为主，欧洲、美国和世界银行也向乍得提供贷款补贴。

1962 年，乍得国家预算为 60 亿中非法郎，其中法国补贴 8.5 亿中非法郎。1965 年以后，法国对乍得以补贴开发预算代替补贴经常预算。这种状态延续了相当长的时间。以 1983 年预算为例，乍得预算总额为 360 亿中非法郎（约为 1.1 亿美元），其中，近 1/2 的预算用于防务和治安，预算赤字为 0.85 亿美元，主要依赖外援弥补。在整个 20 世纪 70～80 年代，乍得内战不断，经济受挫严重，财源枯竭，经济陷入崩溃境地。1979～1982 年，乍得甚至没有财政预算。

90 年代，乍得各产业发展缓慢，加上走私、偷漏税严重，国家财政持续拮据。但 1995～1998 年，乍得财政赤字逐年有所减少，由 189.5 亿中非法郎减为 100 亿中非法郎（见表 4 - 9）。

表 4 - 9　1995～1998 年乍得财政收支情况

单位：亿中非法郎

年度	1995	1996	1997	1998
收入	427	1822	1950	2306
支出	616.5	2004	2060	2406
差额	- 189.5	- 182	- 110	- 100

数据来源：乍得计划合作部。

进入 21 世纪以后，石油开发及其收入改善了乍得政府的财政状况。同时，乍得农业也有所发展。2012 年，得益于农业产值的提高，乍得财政收入增长相对稳定，国内生产总值涨幅达 8.9%。2013 年，伴随农业产量降低，乍得经济增长速度放缓至 3%，但主要原因还是石油产值的大幅下降。由于多巴油田产量下跌，2013 年乍得石油产值降低了 4.1%。这也影响了政府财政状况。2014 年，伴随着对巴迪拉、芒格拉以及罗尼耶等主要新油田的开发，乍得财政收入实现了一定程度的增长（见表 4 - 10）。

表 4 – 10　2011～2016 年乍得政府财政收支预算情况

单位：亿中非法郎

年度	2011	2012	2013	2014	2015	2016
预算收入	11701.9	13666.2	15695.3	16463.0	15192.3	11231.8
预算支出	12637.3	14866.2	17245.3	17427.2	16964.6	13273.4
预算赤字	935.4	1200	1550	964.2	1772.3	2041.6

数据来源：乍得财政和预算部网站，http：//finances. gouv. td/index. php/publications/lois – des – finances。

在财政支出方面，近年来乍得的公共支出主要用于支持其 2013～2015 年国家发展计划。政府希望在维持教育、公共卫生方面投资的同时，加大对农牧产业方面的投资。这一系列举措预期在 2015 年前显著改善乍得民众尤其是农村民众的生活水平。与此同时，乍得财政预算部一直致力于改善财政支出使用效率。

同时，乍得政府为满足国际货币基金组织相关财政及债务标准要求，大幅削减财政支出，政府大型建设项目明显减少。此外，各层级政府也通过改组减少了一定的公共支出。从 2014 年起，乍得财政资源的分配有了较大的变化，一方面，政府努力将赤字水平维持在国际货币基金组织确立的参考水平以内；另一方面，政府致力于实现社会交通基础设施投资与农村发展投资两者间的平衡。

二　金融

乍得是中非货币联盟的成员国，使用中非国家银行统一发行的货币——中非法郎。在欧元进入流通领域之前，中非法郎与法国法郎实行固定比价，后来欧元取代法郎，中非法郎与欧元之间实行固定汇率。法国与中非货币联盟之间签有货币协定，在外汇储备政策等方面，法国仍然有非常大的影响力。所以，乍得在贷款和外汇储备方面受到一些制约，在财政金融方面对法国有着较大的依赖性。由于中非法郎与欧元之间的关系密切，乍得在国际原材料价格方面也受到约束。

1982 年，乍得外汇和黄金储备为 1154 万美元，外债累计为 1.9 亿美元，占国民生产总值的 5.9%。1998 年，其外汇储备为 1.23 亿美元，外债为 10.92 亿美元，外债占国民生产总值的 38%。1999 年，乍得外汇储备为 0.95 亿美元，外债总额为 11.42 亿美元。

进入 21 世纪以来，随着乍得石油工业的发展，外汇储备逐渐上升，尤其是 2006 年以后，上升幅度增大。但是，由于石油出口收入在乍得国民经济中所占份额大，国际石油价格的起伏会直接影响到其外汇储备。同时，乍得外债总量稳定增长，增长率也相对稳定（见表 4 – 11）。

表 4 – 11 　2000 ~ 2016 年乍得外汇总储备与外债总量对比

单位：美元

年份	外汇总储备	外债总量	年份	外汇总储备	外债总量
2000	113752750.9	1098901000	2009	616701390.5	1874374000
2001	125450913.5	1095688000	2010	632405277	2157557000
2002	222510577.7	1276028000	2011	951097173.1	2346186000
2003	191745202.6	1539455000	2012	1155659287	2361262000
2004	226603536.2	1652256000	2013	1183031946	2924996000
2005	231282857.6	1629648000	2014	1075906129	2395640000
2006	632157876.3	1757294000	2015	368916822	1617003000
2007	964338637.6	1848762000	2016	8184286.58	1654990000
2008	1355146209	1802461000			

数据来源：外汇总储备数据，http：//data. worldbank. org. cn/indicator/FI. RES. TOTL. CD？locations = TD&view = chart；外债总量数据，http：//data. worldbank. org. cn/indicator/DT. DOD. DECT. CD？locations = TD&view = chart。

乍得的银行系统由 9 家银行构成，分别是：农业与商业银行（Banque Agricole et Commerciale）、沙里商业银行（Banque

Commerciale du Chari）、中部非洲国家银行（Banque des Etats de L'Afrique centrale-Tchad）、萨赫勒－撒哈拉投资贸易银行乍得分行（Banque Sahélo-Saharienne pour L'investissement et le Commerce-Tchad）、乍得商业银行（Commercial Bank-Tchad）、Ecobank 乍得分行、乍得财政银行（Financial Bank-Tchad）、兴业银行乍得分行（Société Générale-Tchad）和非洲联合银行乍得分行（United Bank for Africa-Tchad）。乍得金融系统发展落后，网点覆盖率低，风险集中程度高，审计程序不完善，金融市场与服务在落后地区的缺失等问题显著。在监管方面，中非银行机构委员会计划加大就地审计力度以减小相关风险，但计划的实施目前处于延后状态。

第八节　对外经济关系

一　进出口贸易

自 20 世纪 90 年代初代比执政以来，乍得的进出口贸易有所发展，并逐渐从贸易逆差发展为贸易顺差（见表 4 – 12）。

表 4 – 12　2000 ~ 2016 年乍得进出口额

单位：美元

年份	出口	进口
2000	183000000	317000000
2001	189000000	679000000
2002	185000000	1646000000
2003	601000000	790000000
2004	2191000000	953000000
2005	3080945195	950000000

续表

年份	出口	进口
2006	3351947828	1350000000
2007	3666224000	1800000000
2008	4168556000	2000000000
2009	2800000000	2000000000
2010	3600000000	2400000000
2011	4800000000	3300000000
2012	4800000000	2800000000
2013	3800000000	3000000000
2014	3800000000	3100000000
2015	2600000000	2600000000
2016	1600000000	2200000000

数据来源：出口数据，http：//data. worldbank. org. cn/indicator/TX. VAL. MRCH. CD. WT？locations = TD&view = chart；进口数据，http：//data. worldbank. org. cn/indicator/TM. VAL. MRCH. CD. WT？locations = TD&view = chart。

自 2003 年起，乍得加入石油输出国组织。石油成为乍得最重要的商品，一般占出口额 80% 以上，为乍得创造了大量的贸易顺差。其他主要出口商品包括棉花、畜牧业产品及阿拉伯胶等。进口方面，乍得主要进口核反应设施、机械装置、机电产品及部件、建筑材料、食品（如糖及糖制品、面粉等）、汽车、光学仪器、药品等。

乍得主要出口贸易对象是尼日利亚、法国、喀麦隆、阿联酋和美国；主要进口贸易对象是法国、喀麦隆、美国、中国、尼日利亚、欧盟等。近年来，乍得为促进本国进出口贸易发展，加强了与中国、印度、土耳其等国家的合作。据中国海关统计，2014 年中国、乍得进出口总额为 4.26 亿美元，同比下降 12.55%。其中中国向乍得出口 3.18 亿美元，下降 17.2%，中国从乍得进口 1.08 亿美元，下降 2%。中国向乍得出口的主要是机电产品、高新技术产品、钢材；主要进口原油、棉花和农产品。

与此同时，乍得也积极地参与到"中部非洲经济与货币共同体""中非国家经济共同体"等经济区域一体化组织中。

二 外国援助

乍得获得的援助在其财政收入和投资预算中占很大比重。1971～1978 年，外国援助总额近 5.6 亿美元，年平均援助额约为7000 万美元。1979～1982 年的四年间，外国援助总额为 2.3 亿美元，年平均为 5750 万美元，其中，双边援助占 55%，多边援助占45%。1984 年，法国和美国曾各向乍得提供 7000 万法郎和 1100 万美元的援助。1998 年，官方发展援助资金占乍得国民生产总值的10%，人均获得美国援助 23 美元。

进入 21 世纪，乍得每年获得的发展援助和官方援助资金总体呈增长趋势。援助主要来自法国、美国、德国、瑞士、意大利等国以及联合国、欧盟和非洲开发银行等机构。援助方式以项目援助为主。2005～2008 年，乍得政府由于在管理石油资源方面与世界银行存在纠纷，后者与国际货币基金组织均停止了对乍得的发展援助，在此期间，乍得人均发展援助由 38 欧元降至 30 欧元以下。2009 年，国际发展援助再次在乍得启动，主要集中在公共财政管理、社会、基础设施建设及政府治理方面。2008～2013年，乍得得到欧盟 2990 万欧元的援助，2014～2020 年，欧盟计划向乍得提供 4420 万欧元的援助，集中支持三个领域：食品安全、民众温饱及农村发展，自然资源管理，法制国家建设。根据

世界银行 2016 年发布的数据，世界银行在乍得支持了 50 多个减
贫项目。2000～2013 年乍得所获得的官方发展援助资金等数额见
表 4 - 13。

表 4 - 13　2000～2015 年乍得得到的净官方发展援助

单位：美元

年份	援助数额	年份	援助数额
2000	131330000	2008	422230000
2001	188600000	2009	558330000
2002	229250000	2010	490160000
2003	251990000	2011	457360000
2004	332080000	2012	474840000
2005	386440000	2013	459340000
2006	290730000	2014	391930000
2007	360650000	2015	606670000

数据来源：http：//data. worldbank. org. cn/indicator/DT. ODA. ODAT. CD？locations = TD&view
= chart。

三　外国投资

为推动本国经济自由化、促进经济增长，乍得政府也希望得到
更多的国外投资。1970～2005 年，乍得年平均外国直接投资占国
内生产总值比例为 7.4%。21 世纪以来，随着国内局势趋向稳定和
石油生产的投产，外国对乍得的投资大幅增长。2000～2005 年，
得益于乍得油田的投入开发，该比例又由 8.3% 提升至 12.9%。据
2006 年 4 月的《世界银行发展报告》，外国对乍得投资，2000 年
为 1.15 亿美元，2003 年增至 7.13 亿美元，2004 年为 4.67 亿美元
（见表 4 - 14）。

表 4 – 14 1980 ~ 2014 年乍得的外国直接投资净流入

单位：美元

年份	投资额	年份	投资额	年份	投资额
1980	– 430000	1993	15160901. 58	2006	– 278414000
1981	– 110000	1994	27074698. 97	2007	– 321655000
1982	– 120000	1995	32611570. 12	2008	466131000
1983	– 90000	1996	39466173. 53	2009	374900000
1984	9186265. 628	1997	44293940. 57	2010	313000000
1985	53650093. 6	1998	21696680. 41	2011	281900000
1986	28200501. 06	1999	24524970. 81	2012	579793037. 4
1987	8162068. 47	2000	115172421. 5	2013	520200793. 5
1988	1289247. 26	2001	459866391. 8	2014	– 675545847
1989	18739324. 37	2002	924119210. 1	2015	600219798. 8
1990	9400000	2003	712663454. 9	2016	559857539. 9
1991	4239527. 508	2004	466793492. 1491		
1992	1960770. 974	2005	– 99342519. 36		

数据来源：http：//data. worldbank. org. cn/indicator/BX. KLT. DINV. CD. WD？locations = TD&view = chart。

外国投资的不稳定性给乍得经济开发带来了不稳定因素。1999 年 12 月末，法国的埃尔夫公司和英荷壳牌石油公司突然宣布退出乍得石油开发计划。乍得与喀麦隆原计划用 3 年时间，耗资 37 亿美元，开发乍得油田，并修建从乍得油田至喀麦隆港口长达 1000 多千米的输油管道，其中乍得境内投资约需 20 亿美元。经乍得政府多方努力，2000 年 6 月，世界银行同意向乍得和喀麦隆两国分别提供 3950 万美元和 5340 万美元贷款用于石油开发，从而为管道工程筹资开辟了道路。同年 10 月，项目开工。

除了西方国家和国际组织的投资，中国等发展中国家的投资也为乍得国民经济发展提供助力。2012 年 2 月 26 日，乍得国家水泥公司第一座水泥厂举行了投产典礼。其新建的现代化水泥生产线是中乍两国复交时，中国政府提供优惠贷款，由中工国际工程股份有限公司总承包建设的项目。该项目的建成并成功投产是乍得水泥工业起步的里程碑，从此乍得结束了水泥完全依靠进口的历史。

四　外债

截至 1984 年，乍得累计外债 1.115 亿美元，其中官方外债8510 万美元，私人外债 2390 万美元，利息 250 万美元。

自 20 世纪 90 年代以来，乍得外债一直处于增长趋势当中。据2001 年 5 月的《经济季评》报道，乍得 1998 年外债总额为 10.92 亿美元，1999 年增至 11.42 亿美元，1999 年长期债务为 10.45 亿美元，短期债务仅 2800 万美元。在长期债务中，以官方贷款为主，达到10.42 亿美元，其余 1600 万美元为私人贷款。2000 年、2003 年和2004 年，乍得的长期外债分别约为 10 亿美元、14 亿美元和 15 亿美元。2010 年以来仍有增加（见表 4 – 15）。

表 4 – 15　1991～2016 年乍得公共外债存量

单位：美元

年份	数额	年份	数额	年份	数额
1991	547617000	2000	985530000	2009	1749858000
1992	590199000	2001	976528000	2010	2048865000
1993	638615000	2002	1137776000	2011	2235235000
1994	714940000	2003	1404316000	2012	2265563000
1995	775765000	2004	1526483000	2013	2832040000
1996	864126000	2005	1525819000	2014	2290538000
1997	870464000	2006	1662414000	2015	1471955000
1998	944196000	2007	1752332000	2016	1454528000
1999	1002151000	2008	1743138000		

数据来源：http：//data. worldbank. org. cn/indicator/DT. DOD. DPPG. CD？locations = TD&view = chart。

n（emit）

2001 年 6 月初，世界银行发布的《发展新闻》报道，根据世界银行和国际货币基金组织联合发起的"重灾穷国减债计划"，两家国际金融机构同意一项支持，即乍得在满足一定的发展要求下，可获得 2.6 亿美元债务减免。对乍得而言，相关要求包括：优化对石油出口、经济增长收入的管理；着力保护环境；控制通货膨胀；改善私人部门管理；以上措施必须旨在促进乍得国内生产总值的增长且使乍得人民受益。

但乍得是撒哈拉以南非洲最后一个达到相关发展标准可以受益于"重灾穷国减债计划"的国家。2015 年 4 月，根据国际货币基金组织的公告，乍得有望达到相关发展需求，成为第 36 个"重灾穷国减债计划"框架内的受益国。不久，国际货币基金组织、世界银行和非洲发展银行决定减免乍得债务 6260 万美元。据有关机构估计，到 2015 年底，乍得债务与出口值比重有望降至 31.3%，2019 年底有望达到 12.5%。

第五章

社　　会

由于历史政治原因，今天的乍得社会问题突出，面临就业、收入、医疗和教育等诸多挑战。2015 年，乍得在联合国人类发展指数排名中居全球倒数第四位。

第一节　国民生活

一　就业

受乍得经济、计划和国际合作部委托，乍得国家数据、经济及人口研究院根据 2003～2011 年度的数据，制定了一份较为权威和全面的乍得社会经济报告。从这一报告中可看出，乍得国内劳动人口数量呈不断增长趋势，2003 年约为 370 万人，2011 年约为 600 万人，较 2010 年增长 6.1%，高于 2009 年统计的全国人口增长率 3.4%。因此，创造就业机会及提供就业培训成为乍得面临的一大挑战。

2011 年，乍得就业人口超过 380 万人，与 2003 年不到 200 万人相比，增长了 96.4%，就业率也从 2003 年的 53% 增至 61.8%。总的来说，农村就业率高于城市，无论是 2003 年还是 2011 年，两者差距均在 11% 左右。

乍 得

报告认为，乍得就业率在各年龄层次都有所增长，30 ~ 49 岁人群的就业率最高，其次是 50 岁及以上人群，而 15 ~ 29 岁年龄段的劳动力就业率最低，但是，2011 年，这一年龄段劳动力就业率增幅达 13.5%。

从教育程度看，以职业学校为教育背景的人群就业率最高。2011 年，农村地区此类人群就业率达到了 100%。紧随其后的是经济学院和高等学院毕业生，2011 年度就业率都在 75% 以上。

就业领域方面，2003 年至 2008 年，劳动力就业领域的分布没有发生根本性变化。2011 年，74.3% 的就业人口仍分布在第一产业；工业、商业及服务业则分别提供了 9%、7.5% 以及 9.1% 的就业机会。这一数据与 2003 年几乎持平。

两性就业方面，长期以来，乍得大部分就业机会由男性占据，比重占到六成以上。2003 年，城镇地区仅 24.4% 的工作机会由女性获得。乍得妇女在非就业人口中占大多数，2011 年，这一比例达 70.6%。妇女参与全国经济活动的比重很小。这与乍得家庭妇女，尤其是农村家庭妇女的数量过高不无关系。

据统计，乍得全国 15 岁以上人口的失业率为 1.7%。这一数据看似很低，然而事实上，一般来说，发展中国家的大部分人口都在农牧业领域劳作，很少有人达到劳动年龄后却完全不参与经济活动。这一较低的失业率数字掩盖了不同性别、居住区域及教育层次人口的失业率差异。

从乍得全国范围看，失业问题在城镇地区更为明显，15 岁以上人口中，城市失业率平均为 4.6%，而农村仅为 1%。失业率最低的城镇地区为萨拉马特（1%），农村失业率最低的是西洛贡和萨拉地区。

在农业生产较为发达的地区，失业率较低；而在荒漠地区，失业率则较高。在这一问题上，恩贾梅纳也没有因其首都地位而例外。恩内迪大区、恩贾梅纳城、提贝斯提大区以及博尔库大区的失业率分别为 7.9%、7.2%、5.8% 和 3.8%；而东洛贡大区、盖拉大区、曼杜尔大区、萨拉马特大区、坦吉莱大区和达尔西拉大区等地失业率则不到 1%。可见，乍得的失业问题确实在城市更为突出。

失业率因就业人口受教育程度而异。只接受过初等教育的群体失业率最低，只有 1.0%；随着接受教育程度的增高，失业率也不断增长：受中等教育群体为 4.0%，受高等教育群体为 16.8%，后者失业率是从未接受过任何教育人群的 14 倍。这反映出乍得劳动市场不能为高等教育水平的人群提供足够的工作机会。此外，高学历人群所要求的高薪酬也是导致其失业率高的原因之一。此外数据显示，同等教育水平的人群中，女性失业率高于男性；尤其是受过高等教育的女性失业率达到了 23.6%，而同一水平的男性则为 15.4%。在农村地区，拥有高等教育学历的人群失业率最高（14.7%），而受过初等教育的人群失业率极低（0.6%）。在城镇地区，同样是受过高等教育的人群失业率最高（17.1%）。然而，接受过专业技术及职业培训的人群失业率也高于预期，原因是乍得私营经济发展缓慢，工业落后，国家对此类毕业生的招聘名额也十分有限。因此，无论男女，具有技术及职业教育背景的人群均比具有其他教育背景的人群失业率高。

乍得劳动力人口日益增长，劳动市场吸收就业人员能力有限，且岗位供需不匹配，出现了看似矛盾的情况：一方面，乍得部分劳动力无法在国内获得工作机会；另一方面，很多企业又因为国内相关人才不足而不得不从国外招聘人才。

此外，就业不足问题也困扰着乍得人。根据国际劳工组织的标准，"就业不足"是指所有受雇于有报酬的工作或自雇的人群，在非自愿的情况下，工作时数少于有关工作公认的正常时数，并且在就业情况统计期间，正在寻找就业机会或随时可以承担更多工作。据统计，乍得就业不足人口所占比例已由2003年的55.5%降至2011年的32.5%。但从2003年和2011年的数据看，农村地区的就业不足情况确有明显改观，从58.7%降至33.9%，降幅接近25个百分点；城区的情况则变化不大。从两性层面看，女性就业不足问题较男性更为明显；而从年龄层次看，则是青年以及50岁以上人群就业不足情况更为严重。

此外，从行业看，国营行业中就业不足情况最多，其次是非正规行业。2011年，乍得的非农非正规行业就业不足人口比例达到38.3%，而在农业非正规行业中，这一数字亦达到36.9%。相比较而言，无论从数据统计的地区还是年份看，均可发现私人正规行业受这一现象的影响最小。

为改善就业情况，2013年，乍得政府、各职工组织、各劳动者工会以及非洲区域办事处和中非国家办事处在恩贾梅纳达成协议，签署了一份名为《体面劳动国别计划》的五年合作协议。该计划旨在帮助乍得发展经济，为青年（不分男女）创造具有生产力且体面的工作机会，使其尽早走出危机，实现持续发展。乍得政府与社会机构以及联合国国际劳工组织一道合作，通过优化对就业市场的管理，为青年、妇女及弱势群体创造更多就业和晋升的机会，使社会各阶层人群均能享受社会保险等。

2014年4月，乍得出台《国家就业与职业培训政策》，以期进一步解决就业问题，提高国民生活水平。

二　收入

2014年，联合国发布全球最不发达国家名单，乍得再度名列其中。尽管地理位置在非洲大陆占战略之利，乍得仍处于极度贫困状态。造成这种情况的原因包括：乍得是非洲内陆国，对外交通不便；降雨时空分布不均衡；环境恶化；通信和交通网络落后；高质量人才欠缺；艾滋病/HIV病毒蔓延，地域流行性传染病反复多发等。

乍得人口密度由北向南大幅递增，包括首都恩贾梅纳在内的全国主要城市都位于南部地区，全国一半人口生活在国家1/5的土地上。其余人口多分布在中部地区，只有约10万牧民生活在北部的撒哈拉地区。

长期以来，乍得经济主要依靠农业和畜牧业，棉花出口约占出口总量的60%。经济水平较低，1994～2000年增长率基本在2.6%左右。乍得超过3/4的人口以自给自足式耕种、畜牧或打鱼维持生计。乍得的粮食生产主要供应其国内消费，南部棉花生产为乍得提供了大量农村就业机会。2003年以后，乍得跻身石油生产国之列，石油资源开发为其提供了经济发展的契机。依靠石油出口，乍得2003年经济增长率达到了15.4%。国民收入也相应得到提高。除石油工业外，乍得第二产业其他领域及第三产业仍处在萌芽状态，工业生产仅限于盐、棉花和肉类食品的加工，以及罐装啤酒、肥皂、香烟和建材生产。

2012年，世界银行公布的数据显示：乍得居民每月平均收入为62美元，人均年收入为740美元。同年，世界人均月收入是850美元，年收入则为10199美元。

在乍得，尽管有职业最低保障工资（6 万中非法郎）以及公私各行业工资价格表，但劳动市场情况复杂，政府对其行政干预较多，法律规定的保障性条款并没有得到很好的执行。影响乍得劳动市场的是 10 余个正规行业的企业以及数百个手工作坊，他们实际控制着全国工资水平。

按照不同行业收入来看，2011 年统计数据表明，公共行政领域劳动人口薪酬最高，月平均收入为 160148 中非法郎；其次是国际组织的工作人员，月平均收入为 144970 中非法郎；位列第三的是国企及准国企员工，月平均收入为 89622 中非法郎。在所有行业中，收入最低的则是为住家打工的人群，每月平均薪水为 47794 中非法郎（见表 5 - 1）。相比于农村人口，城镇人口月平均收入更高一些；而男性月平均收入则比女性高出近一倍。

表 5 - 1　2011 年乍得不同行业收入及相关特点

主要类型	平均月收入（中非法郎）	拥有书面合同（%）	拥有固定工作（%）	拥有工资清单（%）
公共行政	160148	92.6	64.3	42.8
国企或准国企	89622	93.8	58.9	50.8
非农私企	71674	74.9	21.1	13.4
农业经营	100568	46.5	4.5	0.3
国际组织	144970	69.8	93.6	79
合营企业	65038	93	43.5	20.2
家庭工人	47794	92	16.1	1.1
平均	96197	54.5	11	5

数据来源：乍得经济、计划合作部 & 乍得国家数据、经济及人口研究院：《2011 年乍得就业情况调查报告》，http：//www. inseedtchad. com/IMG/pdf/ecosit3 - rapport_ principal_ sur_ la_ pauvrete_ tchad_ 2011_ version_ publiee - 2. pdf。

然而，乍得就业人口薪酬统计本身并非易事。根据表 5 - 1，2011 年，平均仅 5% 的雇员拥有工资清单。绝大多数国际组织的工作人员拥有可以反映每次薪酬的单据；其次是国企或者准国企，以及公共行政部门中的职员，拥有工资单的比例较高，为半数左右；之后是合营企业中 1/5 以上的雇员有工资单。然而，拥有工资单据的家庭工人的比例只有 1.1%。没有薪水单据，就意味着没有可以明确体现工资和报酬数额的凭证。

2014 年，在国际货币基金组织和世界银行的施压下，乍得政府采取收缩预算政策，导致大量公务员及教师工资拖欠数月，也因此引发了一系列抗议行动。

虽然乍得人民生活普遍贫困，但居民贫富差距仍然悬殊，造成差距的原因由自然和人为两方面构成。遇干旱或者虫灾时，家庭收入难以解决全家温饱问题。在沙漠草原地区，影响收入来源的第一要素并非拥有多少土地，而是对土地的利用。相较而言，家境较为富裕的阶层产量更高，因为这些家庭一般比贫困家庭的人口数量多，劳动人口也相应更多，且通常会聘请额外的劳动力参加生产；同时，这些富裕家庭更容易拥有渔船、犁等生产工具。此外，他们还拥有更多牲畜，而在粮食生产不足时，这些牲畜便会成为他们的主要收入来源。富裕阶层对贫困阶层的帮助一般通过耕种雇佣、放牧承包以及赠送谷种等形式实现。但是，若逢灾年，资源分配不足，贫困阶层则可能因收入不足而濒临崩溃。

贫困阶层一般奔波于各地受雇打工，而中等及富裕阶层则直接通过耕种作物、饲养牲畜或捕鱼等自主生产形式获得收入。此外，富裕阶层的产品交易价格可以更高，原因是他们具有足够财力支付额外的交通费用，将货物运送到行情较好的市场销售，如将牲畜和渔获之物运至尼日利亚，或是将粮食运至恩贾梅纳等。贫困阶层及部分中等阶层则在劳作之余，通过做小生意，拾卖柴火、木炭、野味、阿拉伯胶，或编卖草席等方式来贴补家用。

对于贫困家庭来说，自产所得的粮食往往不能满足全家粮食需求，他们有时还不得不出售自产粮食换取现钱使用或在粮食尚未收获、生活艰辛的月份里用于还债。每年，许多家庭因为很难在市场价格走高时将货物出手，收入受到严重影响。这一现象在棉花种植区更为严重。

此外，值得一提的还有乍得的童工问题，尤其是牧童问题。牧童生活条件往往恶劣，无法获得足够的食物，也无法接受正常教育。一般来说，牧童的父母和工头之间并无正式合同，而是默认工头每月付给童工微薄的工资，外加半年后送一只羊，或者一年后送一头牛。然而，乍得国内非政府组织调查后指出，这些所谓的酬劳最终往往未能兑现。

乍得贫困线从 2003 年的 144570 中非法郎，上升至 2011 年的237942 中非法郎，增长率约为 65%。而 2011 年贫困人口比例较2003 年却下降了 8.3 个百分点（见表 5 - 2），说明乍得家庭收入有了一定的提升。此外，农村和城市的贫困程度均有所下降，首都贫困人口比例更是大幅下滑——2003 年首都贫困人口比例为 20.8%，2011 年则降到 11%。其他大部分地区的贫困情况也有所减轻。由于不同地区享受到的政策不同，各地贫困改善情况亦有差别。

表 5 - 2 （a）　乍得 2003 年及 2011 年贫困变化情况

指标	2003 年	2011 年	增长率（%）
贫困线（中非法郎）	144570	237942	64.6
贫困人口比例（%）	55	46.7	- 8.3
贫困深度（%）	21.6	16.5	- 5.1
贫困强度（%）	10.8	8	- 2.8

表5-2（b） 乍得2003年及2011年各阶层平均消费情况

单位：中非法郎

阶层	2003年	2011年	增长率(%)
贫困阶层	55688	66321	19.1
较贫困阶层	92204	120634	30.8
中间阶层	131448	233661	77.8
较富裕阶层	192820	295872	53.4
富裕阶层	403500	617297	53
总体情况	175127	231190	32

数据来源：乍得经济、计划合作部及乍得国家数据、经济及人口研究院：《乍得社会经济报告》，http://www.inseedtchad.com/IMG/pdf/tableau_bord_social_final.pdf。

三　物价与消费

乍得工业基础薄弱，许多商品严重依赖进口。此外，乍得作为内陆国，对外交通不便，物价较高，首都恩贾梅纳的生活成本位居全球前列。政府屡次出台措施平抑物价，对大米、肉类等多种生活必需品制定价格上限，但成效甚微。乍得的通货膨胀率则十分不稳定，也影响着物价和消费水平的稳定，2012年，乍得按消费者价值指数衡量的通货膨胀率曾高达14%（见表5-3）。

表5-3　乍得2000~2014年按消费者价格指数衡量的通货膨胀率

单位：%

年份	通货膨胀率	年份	通货膨胀率
2000	3.82	2008	10.30
2001	12.43	2009	9.95
2002	5.19	2010	-2.08
2003	-1.75	2011	-3.70
2004	-5.36	2012	14.02
2005	7.89	2013	0.15
2006	8.04	2014	1.68
2007	-8.97	2015	3.67

数据来源：世界银行数据库，http://data.worldbank.org.cn/indicator/FP.CPI.TOTL.ZG? end=2014&locations=TD&start=1984&view=chart。

　　自 2008 年 1 月起，乍得国家数据、经济及人口研究院采用
"消费价格调和指数"（IHPC）作为南撒哈拉非洲统计和经济观察
组织成员国家跟踪物价变化的辅助工具。此项指数根据居民消费价
格指数换算得出。"消费价格调和指数"的研究范围仅限于恩贾梅
纳城区及其郊区，涉及商品种类约 330 种，参照年份为 2005 年。
乍得国家数据、经济及人口研究院每月发布一次消费价格调和指数
简报。

　　根据 2015 年 9 月乍得官方简报，乍得通货膨胀率为 4.3%，
而 2014 年 9 月这一数值则为 1.3%。消费价格调和指数下降的
主要原因是"食品与非酒精类饮品"、"烟酒类"以及"住房、
水、气、电及其他燃料"三类物品消费价格调和指数下滑。
而"食品与非酒精类饮品"指数下降是受"肉类"、"鱼类"、
"油脂类"及"蔬菜和块茎类"几项指标的影响。从年份上看，
"住房、水、气、电及其他燃料"同比上涨 11.4%，"交通"同
比上涨 11.2%。

　　此外，2015 年 9 月"鲜货类"的消费价格调和指数较 8 月
下降 4.6%，从三个月内变化情况来看，下降了 1.7%，而在一
年内比较来看，则是上涨了 5.4%；"能源类"一个月内上涨
3.6%，三个月的涨幅为 15.3%，一年内则是增长了 16.4%。
本地产品和进口产品指数在 2015 年 6 ~ 9 月均保持价格稳定，
以一年为时间跨度进行评估，则均呈上涨趋势，具体情况可参
见表 5 - 4。

　　2015 年第三季度，乍得首都恩贾梅纳地区部分主要商品每月
均价对比情况如表 5 - 5 所示。

表 5-4 乍得分类商品价格调和指数

	单月指数				指数浮动（%）		
	2014 年 9 月	2015 年 7 月	2015 年 8 月	2015 年 9 月	2015 年 8~9 月	2015 年 6~9 月	2014 年 9 月至 2015 年 9 月
总指数	130.0	138.7	140.1	134.9	-3.7	-1.4	3.8
鲜货类	134.0	147.3	148.1	141.3	-4.6	-1.7	5.4
能源类	156.7	169.7	176.1	182.4	3.6	15.3	16.4
本地产品	134.1	140.0	140.0	140.0	0	0	4.4
进口产品	109.6	116.9	116.9	116.9	0	0	6.7

注：参照基数以 2005 年为 100。

数据来源：乍得经济、计划合作部及乍得国家数据、经济及人口研究院：《2015 年 9 月价格监控统计报告》，http：//www. inseedtchad. com/IMG/pdf/bulletin_ ihpc_ septembre_ 2015. pdf。

表 5-5 2015 年 7~9 月恩贾梅纳部分主要商品平均价格

单位：中非法郎

商品名称	单位	2015 年 7 月	2015 年 8 月	2015 年 9 月
袋装 100 千克杂谷	千克	26558	26358	27433
散装玉米	份	690	665	688
散装原产普通大米	份	1132	1152	1126
散装小麦面粉	千克	1422	1463	1450
带骨鲜牛肉	千克	1561	1309	1213
风干牛肉	千克	5955	8414	10070
鲜鱼（鲤鱼）	千克	1261	1704	1497
原产花生油	升	1360	1390	1200
新鲜水果西红柿	千克	1328	1150	1242
捆装柴火	千克	227	207	195
汽油	升	480	480	480
柴油	升	525	525	525
灯油	升	600	600	600

数据来源：乍得经济、计划和国际合作部及乍得国家数据、经济及人口研究院：《2015 年 9 月价格监控统计报告》，http：//www. inseedtchad. com/IMG/pdf/bulletin_ ihpc_ septembre_ 2015. pdf。

除上述品项外，在消费层面上，乍得居民无论男女老少，多自幼年开始饮酒，各年龄段人群皆存在不同程度的饮酒现象。其中，青年群体在酒精类饮料方面支出较高。

四　住房

（一）住房情况

从 2011 年的统计数据来看，乍得家庭住房情况分为三种：拥有房屋产权、租住房屋以及免费居住。第一种，即居住者为房屋所有人的情况占 84.1%；第二种租房住的比例为 7.9%，第三种免费居住的家庭占 8%。

住房类型也分数种，如独立式、多户式、成套别墅、楼房等。其中，居住在独立式房屋的家庭比例由 2003 年的 54.9% 增至 2011 年的 71.1%，可见乍得大部分人口选择的房屋类别是在乡间最为常见的独立式房屋。选择多户式房屋的家庭比例明显下降，由 2004 年的 17.9% 降至 2011 年的 5.7%。选择别墅或楼房的家庭比例都很低，分别为 0.3% 和 0.1%，与 2003 年的数据基本持平。

此外，从单个房间住宿人数看，2011 年每个房间平均居住 2 ~ 3 人的家庭比例为 42.1%，4 ~ 6 人的比例为 31.9%，有 16.4% 的家庭每个房间最多居住 1 人，而居住 7 人及以上人数的家庭为 9.6%，这一数值较 2003 年的 22.2% 有了明显的下降。

最后，从乍得房屋的建筑材料看，不同材质的选用不仅可以反映房屋稳固程度，还可以反映居住家庭的收入情况。2011 年的数据显示，24.7% 的家庭生活在用稻草这种最传统的建筑材料筑墙的房屋里，而这一比例从 2004 年起，几乎没有变化。超过半数的家庭居住在土坯墙房屋内，这一类比例较 2004 年有所下降。此外，

2/3 的家庭住房的屋顶用稻草或草席铺成，土坯屋顶的比例为
13.9%，瓦片或铁皮占 17.6%，用砖头或其他材料垒砌的屋顶比
例只有 1.7%。几乎所有房屋的地面都是沙地或土地（91.8%），
极少数家庭选用水泥地或石砖地（6.2%）。

这一系列数据都说明了乍得家庭住房的质量情况十分令人担
忧。在乍得，坚固耐用的建筑原料主要依赖从邻国进口，价格高
昂。乍得境内的水泥原本全部从喀麦隆进口，根据驻乍得经济商务
参赞处 2011 年统计数据，每吨水泥价格高达 20 多万中非法郎（约
480 美元）（见表 5-6），相当于一名技工半个月的工资。因此，
绝大部分人口，尤其是近年来新近城镇化地区的居民，主要居住在
质量没有保障的房屋中。2012 年，乍得连降暴雨，在全国范围引
发了罕见洪灾，造成了人员伤亡和财产损失，其中数万间民房被摧
毁。为了改善这一境况，乍得政府也在设法开发矿产资源，减少进
口建筑材料支出，降低建筑成本。例如借助中国优惠贷款，在拥有
石灰石资源地区开设的水泥厂，已于 2011 年 6 月底建成。此外，
沙子、砾石、骨料和烧制砖头所需的黏土以及大理石等多种建筑材
料亦在开发之中。

表 5-6　2011 年乍得主要建材价格

单位：中非法郎

品名	单位（规格）	单价（含税价）
水泥	吨（42.5）	228000
	吨（32.5）	210000
螺纹钢筋	吨	1070000
钢板	1 米 ×2 米 ×10 毫米	242000
砂	立方米	15000
卵石（现场供货）	立方米	25000

续表

品名	单位（规格）	单价（含税价）
碎石	立方米	45000
机制水泥砖	块（150 毫米 ×185 毫米 ×400 毫米）	400
	块（185 毫米 ×200 毫米 ×400 毫米）	600
氧气	瓶	50000
乙炔	瓶	65000
普通油漆	桶（20 千克）	40000
沥青	吨	90000
木版	立方（4 厘米 ×30 厘米 ×6 米）	300000

数据来源：中华人民共和国驻乍得经济商务参赞处网站，http：//tchad. mofcom. gov. cn/article/ztdy/201105/20110507567260. shtml。

（二）保障性住房

据 2013 年数据，乍得房屋每套平均售价为 1800 万 ~ 2200 万中非法郎（合 3.6 万 ~ 4.4 万美元）。这一价格远高于同时期非洲中西部其他国家的房价，即约 900 万中非法郎（约 1.8 万美元）。一名普通乍得人若要贷款买房，很难在国家规定的 15 年还款期限内还清房贷。

房价高、住房难一直是乍得政府面临的最棘手的问题之一。为确保低收入人口拥有体面的居住环境，乍得政府也希望建设花费低廉的"保障性住房"，解决低收入群体住房问题。然而，截至目前，这一举措收效甚微，主要原因是乍得缺乏相关机制来帮助大部分居民从国家政策中受益，这导致居民在住房问题上完全依靠个人力量，结果也不尽如人意。

近年来，乍得政府为改变这一现状做出了不少努力。例如，在联合国开发计划署的帮助下，政府实行了"城市发展与居住改善计划"。政府原本计划建造 12000 套改善性住房，但实际只在恩贾梅纳北部区域建造了 70 套房屋，计划即宣告失败。2012 年后，政府再次寻求同外国企业合作，但合作协议最后未能谈妥或得到执行。2013 年 6 月，在非洲住宅组织第 32 届代表大会上，乍得政府终于决定建立旨在为城乡大众住房项目和计划实施提供服务的有效机制。

乍得的城镇化速度超过预期。从全国范围看，1960 年城市人口比例不到 10%，至 2010 年则达到了 30%。这一现象在首都更为突出：1960 年恩贾梅纳居住人口为 84000 人，2010 年则约为 120 万人，50 年里人口增长了 13 倍多。

乍得政府在非洲住宅组织的专业技术指导及资金支持下，在首都南部开发了 50 公顷土地，用于建造百余套保障性住房。这一项目已于 2013 年动工，计划每年建造住房 500 套左右。2014 年，乍得和摩洛哥在就业和住房两个领域进行了合作。

同时，乍得政府借鉴坦桑尼亚、南非和科特迪瓦等国家的经验，学习如何在较短时间内保质保量地为民众提供住房，如在房地产等领域实施新方案，提供技术转让、当地资源开发、地区经济运转及本地劳动力动员等诸多方面的协调安排，帮助相关国企或私企完成建造房屋的任务。

保障性住房能否达到预期效果，乍得人民及各国关心此事的人都在拭目以待。毕竟，住房问题在乍得已是迫在眉睫、急需解决的问题之一，关系到绝大多数乍得人的切身利益。

五 居民用水、家用能源及卫生设施情况

在乍得，电力供应尚未普及每个家庭。2011 年的数据显示，接近 2/3 的家庭以应急照明灯作为照明工具，另有约 1/4 的家庭仍

乍 得

在使用煤油灯,而使用电灯的家庭占比仅为 1.2% 。尽管政府为增加电力供应新建了多个发电站,但用电住户比例仍因人口增长及供电困难而持续下降。此外,相对于人民收入水平而言,电费异常昂贵,这也是居民极少用电的一大原因。

值得一提的是,2004～2011 年,煤油灯的使用比例大幅下滑——2004 年为 68.6% ,2011 年降至 26.7% 。究其原因,是因为乍得市场上出现了诸如节能灯这类物美价廉的"中国制造"产品。这也解释了为什么在 2004 年尚无人使用的节能灯,到 2011 年却成为乍得大多数家庭的照明首选。

家庭能源使用方面,绝大多数乍得家庭仍以木柴作为主要能源,2011 年这一比例是 84.4% 。尽管国家采取了一系列措施禁止砍伐树木,但相比于 2004 年,使用木柴的家庭的比例仍增长了 11.6% 。毕竟,电、煤气等其他能源供应不足,且木柴更为易得。

乍得家庭普遍使用井水。2011 年,乍得仍有一半家庭依赖普通井水生活。相关数据显示,全国使用自来水的用户极少,仅占不到 5% 的比例。其他的水源为公共泉水、蓄水池雨水等。

卫生设施方面,1996～2011 年,乍得家庭住宅的结构并无实质改变,大部分房屋没有卫生间。至少有七成家庭是在野外露天解决如厕问题,使用厕所的家庭不到三成,而抽水马桶的使用率不到 1% 。这种大量露天如厕的情况引发许多卫生问题,成为公共健康的一大危害,也是加剧传染病蔓延的一大原因。

在垃圾处理问题上,采取直接丢弃在房屋周围或街道上的家庭的比例显著上升,从 2004 年的 68.2% 上升至 2011 年的 87.8% 。焚烧垃圾是排在第二位的处理方式,2011 年占比为 6.5% ,较

2004 年的 19.4% 下降明显。而由市政府或私人专门处理的比例则一直较低，2004 年为 1.5%，2011 年增长到 3%。

六　社会保障与福利

乍得劳动法明确规定："劳动者应受到尊重和人道的待遇，应拥有在工作中充分发展自身才能的机会，应获得与劳动相匹配的良好薪酬，应有权在因工伤病时接受最好的治疗，应在体面并有益身心健康的环境中工作。"但现实是，乍得劳动者的社保情况非常糟糕，主要原因是现行保障体系薄弱，所提供的补助在质量和数量上都严重不足，导致国民长期处在穷困贫弱的状态。

据国际劳工组织统计，在非洲仅 5%～10% 的劳动人口可享受到体面的社会劳动保障，而且这一情况还在恶化，原因是很多国家尚未建立医疗保险制度。由于缺少专业设备，部分领域的工人时常在岗位上意外受伤，有的甚至因伤后并发症或缺乏医疗救治而丧命。2014 年，乍得国家社会互济基金用于支付社会职业风险赔偿金的资金数额为 332146151 中非法郎（约合 355 万元人民币）。

乍得官方文件称，劳动者的工资不低于各行业最低保证工资水平（6 万中非法郎）。然而，在基本生活必需品价格不断上涨的形势下，工资拖欠问题在乍得全国范围内都很严重。

需要注意的是，乍得社会保障条款仅覆盖现代劳动行业。换言之，包括包工头及其他职业在内的非正规行业，尤其是占乍得国民 80% 以上的农业劳动者，均不属于可享有社会保障的人群范围。这些行业劳动者的社会保障问题成为乍得社会的深层次问题，引发各种矛盾。因此，拓宽社保范围，将全体国民纳入保障范畴成为一个亟待解决的难题，也是乍得政府面临的最大挑战。围绕这一中心问题，可以看出乍得社会保障在制度层面的薄弱程度，特别是在技术、组织结构、设施及经费方面的欠缺。

面对社会保障的覆盖缺陷，一些不能享受社保的劳动者转而求助其他可替代的保障体系，例如"健康集体互助保障"。但是，这一保障体系在运行过程中仍存在技术支撑不足、组织结构不合理及设施经费缺乏等问题。女性群体，特别是担任一家之主角色的妇女群体，是乍得社会保障这一薄弱环节中最脆弱的部分。

1956 年，乍得官方设立了"家庭补助补偿金"，标志着社会保障体系被引入乍得。这项福利起初只针对在乍得工作的白种人，后来延伸至领取固定工资的乍得本国人。独立后，乍得于 1966 年 3 月通过涉及劳动及社会救济领域的第 07/66 号法案，设立了"全国社会互济基金"（以下简称"互济基金"），以此取代原先覆盖面较窄的"家庭补助补偿金"。根据这项法案，家庭补贴、生育补助、工伤意外补贴、职业伤病补贴等均被列入"互济基金"的救济范围。此后，1978 年 4 月 26 日，乍得又出台了关于保险抚恤体制的第 99/P – CSM/78 号法令，该法令对第 07/66 号法案进行了补充完善，养老、残疾和死亡风险抚恤亦被纳入"互济基金"的救济范畴。

"互济基金"是国家公共机构，财政独立，受公职和劳动部监管。"互济基金"内设理事会及主席团负责日常事务管理，理事会由政府、雇主及劳动者三方代表组成。理事会所形成的决定由包括一名主席及一名财务主管在内的领导小组负责执行。

"互济基金"资金的主要来源为企业及工人所上缴的社保费用。此外，滞纳金、投资及租金收入也是其资金来源的辅助渠道。

目前，"互济基金"主要覆盖的三个方向为：家庭及生育补助，工伤意外及职业伤病，养老、残疾及死亡补贴。覆盖人群为劳动法所规定的在准公共行业、私营行业及正规行业就业的劳动者。

"互济基金"虽在名义上是为国民服务的社会保障机构，但在实际操作中已沦为少数群体随意取用的"小金库"，资金的侵占挪用、管理不善、非法交易及操作程序不合理等是其面临的主要问题。

根据乍得劳动法有关条款的规定，公务员、国有企业及私营企业的劳动者都可以享受不同程度的福利保障。然而，多年来，实际情况已与该机构创办初衷背道而驰。"互济基金"所覆盖人群对该机构的运营方式全然无知。企业及工人上缴的社保费用作为其资金的主要来源，已去向不明。乍得各行业每月最低保证工资为 6 万中非法郎，每位劳动者缴费比例为工资的 8.5%（企业承担 5%，个人自付 3.5%），由此可计算出每人每月支付社保费用 2100 中非法郎，按 10 万雇员计，每年个人自付缴费金额可达 25.2 亿中非法郎，雇主上缴金额为 36 亿中非法郎，总额相当可观。然而，缴费的劳动者并未从这笔资金中受益。"互济基金"所负责的三项救助并未较好开展。医疗卫生领域是最明显的例证：医疗中心人员缺编，药品库常年药品供应不足。

据报道，"互济基金"机构主席曾将一台价值千万中非法郎的发电设备据为己有。然而，更大的问题则在于机构管理无章、运营混乱以及医疗机构高品质药品极度缺乏。2013 年的报告显示，负责"互济基金"药店的管理人员竟没有任何工作计划安排，无法理清权责，活动缺乏实施细则。此外，健康委员会的负责人并非医护专业出身，缺乏专业素养和技能，处理工伤人士材料时，审核拖拉，等待补助的伤者无法及时接受救治，伤者多放弃申请补助或因未能及时领取补助而丧命。据悉，直到 2015 年，仍有 1993 年工伤患者的文件尚未得到处理，"互济基金"工作人员的失职可见一斑。正常一份文档最多需要 45 天便可走完所有程序，但实际上则至少需要至少 1 个季度。乍得时常会发生文档未处理便被搁置的情况，从而导致申请人无法及时领取补助。

然而，若要改变乍得社保领域的现状，就不可能绕开"互济基金"，因为它在改善劳动者生存环境、为其提供社会保障等方面具有举足轻重的地位。"互济基金"需要改良内部组织结构、建立有效机制，以此加强劳动安全及社会职业风险防范体系，提高企业和雇主改善工人工作环境、生存状况的意识，督促他们履行为雇员办理社会保障相应手续的义务。

多家国际组织及非政府组织对乍得劳动者生存保障问题十分关注，希望为乍得人民提供更好的工作条件。在这些组织的推动下，2015 年 4 月 28 ~ 30 日，第 13 个世界安全生产与健康日暨第 19 个非洲职业风险防范日活动期间，乍得全国社会互济基金也开展宣传教育活动，以推进工伤及职业病风险防范工作。

为改善劳动者社会保障待遇，提升全体国民福祉，乍得政府业已采取有关措施。在全社会各阶层的努力下，推动重新审核制订各行业最低保证工资的具体细则等具体行动已在酝酿之中。

七　人口迁移情况

当前有关乍得移民问题的研究相对较少。2012 年，国际移民组织应乍得政府外交和非洲一体化部要求，开展了针对乍得移民情况的调查，旨在了解乍得人民迁移动态，并据此提出建议，应对挑战。乍得新近开始对移民这一问题表示关注，这一点从其参与一系列国际和地区相关会晤可以得到佐证。但是，关于乍得移民问题的各项数据还相对欠缺。

其实，乍得在历史上就一直存在移民问题。从地理上看，乍得位于非洲中部，处于"十字路口"的位置。对于希望前往中东，尤其是沙特阿拉伯的人来说，乍得是连接着非洲大陆西部和东部的重镇。同时，如想从撒哈拉沙漠以南地区迁移至非洲北部或更远的欧洲，乍得可谓必经之路。

当前，乍得迁移动态主要是其和相邻国家（利比亚、苏丹、中非共和国、喀麦隆、尼日尔以及尼日利亚）之间的迁入和迁出情况。这些跨边境人员的流动情况非常重要，尤其是一些群居团体横跨边境线而存在，因此"边境"这一概念在当地居民看来并无实际意义，未得到重视。

乍得可被视作移出国、移入国和过境国。因此，从数据上看，人口数量起伏并不大。据世界银行报告，2010 年，乍得移入人口为 388251 人，占总人口的 3.47%；而乍得同年移出人口为 243300 人，占总人口的 2.1%。

乍得人口迁移的原因主要是经济形势严峻、环境问题加剧、人民生活贫困、缺乏就业机会等。这些另寻途径改善生活的迁移动机，与传统习惯性迁移也有着密切的联系。

（一）乍得国内迁移情况

乍得原本就是一个被游牧民族部落生活痕迹打下烙印的国家。这些部落根据自己的季节性移动放牧而定期迁移。此外，乍得国内的另一种迁移形式则分为两种区别显著的情况。

一种是自愿迁移。在乍得，这一种情况主要是农村地区人口的

成群移居。有一些地区因其土地肥沃、经济活动丰富、矿产（尤其是石油）行业兴旺，对移居人口来说具有较大吸引力，如乍得湖和南部地区的东洛贡大区、西洛贡大区、曼杜尔大区以及中沙里大区，迁移方向一般是自北向南。

另一种是因矛盾冲突或气候原因被迫迁移，大批人口移居至更为安全的区域。2012 年，乍得出现因环境问题而导致的大规模迁移，究其原因，是因为当年发生了波及乍得南部半数区域的大面积洪涝灾害。受灾地区包括恩贾梅纳、沙里－巴吉尔米地区、东凯比河大区、西凯比河大区、东洛贡大区、西洛贡大区、曼杜尔大区、中沙里大区、萨拉马特大区以及萨拉大区。此外，原本因乍得东部地区形势不稳引起的人口迁移，近年来则不再发生，原因是相关部落已迁至其他地区或重返其原属区域。

（二）居民出国情况

离开本国是乍得人民采取的一种应对措施。面对农业耕种困难、气候问题（洪水、干旱）以及长期贫困的生活困境，他们被迫前往可以为其提供充足资源的邻国，以获取收入，养家糊口。但 2011 年，利比亚战争爆发后，部分乍得人被迫回国。

因为经济原因到邻国打工的多是男性，他们多将家人留在村庄，独自出国工作。他们所受教育水平有限，主要从事体力劳动或贸易活动。

不可不提的是，从利比亚返乍的群体成为乍得国内无法回避的问题。这些被迫回到乍得的人，在重新适应国内生活时遇到了困难。恩贾梅纳、加奈姆、瓦达伊以及巴塔等地区的利比亚返乡人员数量最多，他们所带来的社会经济问题较为严重，不容忽视。尽管利比亚局势不稳、冲突不断，但越来越多人开始重返利比亚。

除了外出打工，乍得人出国的原因还有学习和治病。显然，各国都有一定规模的乍得人聚居区，但是缺乏具体数据来研究这一现象。与乍得接壤的国家中，乍得人数量似乎十分可观。在这些国家的部分大城市中，生活着相当数量的乍得人，如尼日利亚的迈杜古里，喀麦隆的马鲁阿、加鲁阿和恩冈代雷，苏丹的喀土穆，中非的班吉，以及利比亚的的黎波里。

（三）在乍得的外国人

在乍得的外国人主要来自与其接壤的邻国，迁入主要出于工作原因。这些人多定居于城市，往往在非正规行业工作。此外也有来自西非的移民。吸引这些外国人的主要原因是乍得湖地区拥有石油等资源。

此外，由于苏丹和中非两国国内局势紧张，逃亡乍得的难民人数也在增长。乍得城市中的难民则多数来自刚果（金）。据联合国难民署统计数据，2015年1月，乍得收容外国难民468840人。

（四）作为过境国的乍得

乍得是名副其实的过境国：西非侨民通过乍得前往苏丹和沙特阿拉伯；非洲中西部居民也经由乍得去往利比亚或非洲北部地区，其中一些人再向北前往欧洲。利比亚危机爆发后，人口向北部流动的趋势有所放缓，新的路线逐渐形成。随着边界管制强度的增加和频率的提高，各项组织程序逐渐改善，人口贩卖风险也因此相应增加。

乍得人口迁移领域的制度管理能力较弱，缺乏法律和管理层面的构建，急需依靠国内和国际力量，实行相关法律法规制度的改革。

第二节　医疗卫生

一　概况

在改善人民生活方面，乍得政府任重而道远。在医疗卫生领域，乍得医疗水平整体低下，医疗资源有限，且分配极不均衡。

当然，需要承认的是，一个国家的医疗卫生情况，往往与其气候、地理、水文、社会局势等多方面因素紧密相关。

从自然气候条件看，乍得从北到南主要分为三个气候区，即年降雨量低于300毫米的撒哈拉沙漠地区，年降雨量在300～800毫米的萨赫勒地区，以及年降雨量在800～1200毫米的南部苏丹草原地区。每年5～10月雨季来临后，南部地区的部分居民就医十分不便，此时又恰逢疟疾、腹泻及急性呼吸系统感染等疾病高发期。

从水文条件看，乍得拥有沙里河、洛贡河、乍得湖等多个稳定水源，是萨赫勒地区水资源最为充足的国家之一。河流两岸的树林在长期湿润的环境中生长茂盛，却也是各种病原体的大本营。当一些季节性水源消失后，许多传染病的发病情况也随之缓解。同样，寄生虫病往往也是在水源充足的地区横行肆虐。

除了自然环境，人为因素影响也不容忽视。从国家行政布局上看，尽管乍得政府表示要向地方分权，然而长期以来的中央集权导致国家的服务体系，尤其是社会医疗卫生领域的决策性机构及相关设施，都集中于首都地区，其他地区的医疗资源长期严重匮乏已是不争的事实。

居民生活用水情况及环境卫生等对整体卫生情况具有重要影

响。生活用水的不足和不卫生会导致环境卫生状况恶化。这也是乍得人多数健康问题的根源。2010 年的调查发现，只有 52％ 的乍得人使用自来水、井水、泉水等水质较好的水。其中，城市 84％ 的家庭使用这类水，而农村地区则只有 42％ 的家庭使用洁净水，城乡差距较大。此外，乍得部分地区饮用水匮乏，导致了霍乱、伤寒等疾病的肆虐，问题十分严重。

乍得人的居住环境卫生状况很差。2010 年，只有 15％ 的乍得人家中有改造过的卫生设施（包括抽水马桶、堆肥式厕所、茅坑、化粪池等）。而在农村地区，能够用上此类设施的人更少，仅有 4％。2010 年的数据显示，只有不到 1/5 的儿童的排泄物得到正确处理，半数儿童的排泄物则随生活垃圾一起被丢弃。然而，生活垃圾本身的处理也是一个棘手的问题。由于缺乏清理垃圾的设施，雨季到来时，满地垃圾散发出令人作呕的臭味，也成为肠胃疾病病菌的集散地。同样造成巨大麻烦的还有生活废水和雨水，处理不力的后果即传染病蔓延。诸如此类的恶劣的卫生条件是导致乍得疾病发病率和人口死亡率较高的重要因素。

此外，医疗卫生领域还受到社会政治整体局势的影响。2003 年后，苏丹达尔富尔、中非共和国以及乍得本国冲突不断，造成成千上万人迁移。2009 年，乍得国内有 270722 名难民，分布于 12 个专区。2013 年，上万名原本已移民中非共和国的乍得人，为躲避该国军队的掠夺而逃回乍得。在乍得全国以及国际社会的共同努力下，这些返国人员的吃住就医问题基本得到了解决，局面大体得到控制。除此以外，恐怖组织 "博科圣地" 在尼日利亚和喀麦隆北部持续而猖獗的袭击，又造成了上万尼日利亚人逃至乍得湖地区安置避难。所有这些乍得自身或其他国家的不稳定局势，都切实影响了乍得医疗卫生系统的组织工作。

近年来，乍得私营医疗机构有所发展，这让乍得人开始能够选择他们认为有效且经济上能够承受的医疗机构进行治疗。据 2011 年的一份官方统计，65.5% 的乍得患者会选择就医，其中有 39% 的人选择公立或私立卫生所，而选择私立诊所的人则不到 1%。

医疗费用的支出是乍得人六项主要家庭支出中的一项。2003 年，这项费用占家庭全部支出的 4.5%，2011 年时则下降到 3.2%。无论在城镇还是在农村地区，医疗支出平均比例均在 3% 左右。

乍得人所患疾病中最普遍的是疟疾/发热（40.6%），其次为腹泻/痢疾（17%）。患者中大约有 40% 的人发病后选择向护士求助，11.5% 的人能够找到医生就诊，另有不到 3% 的人则选择了当地传统医士。

在乍得，患者决定是否求助于现代医疗手段的主要考虑因素是卫生机构距离的远近。乍得人均距离卫生所 18 千米，到医院的平均距离为 74 千米。部分地区的情况更为糟糕，如巴塔大区，居民前往卫生所平均距离为 27 千米，博尔库大区和提贝斯提大区甚至达 95 千米，而患者若想前往大区医院，则平均需要完成 243 千米的路程。

一般来说，一家卫生所应服务 5000～10000 名居民，首都恩贾梅纳的卫生所平均要服务 23734 名居民，卫生所数量远远不够，大区医院的数量则更应增加。

二 医疗卫生政策

乍得医疗卫生政策最初制定于 1993 年，后于 1999 年经第四届日内瓦圆桌会议修订。2007 年，根据 1998～2005 年阶段分期实施情况，乍得政府再次修订国家医疗卫生政策，政策的总体目标是：保障国民享有良好的基本医疗服务，加快降低人口死亡率和疾病发病率的步伐。

乍得国家医疗卫生政策系参照"联合国千年发展目标"制定，政策实施阶段为 2007～2015 年，主要涉及六大基本方向：

（1）加强对包括私营和传统医疗卫生机构的组织管理；

（2）让更多人享受质量优良、价格合理的医疗卫生服务；

（3）加强针对主要疾病的防控治疗管理；

（4）提高以妇女儿童为对象的医疗活动质量；

（5）合理发展及管理医疗资源；

（6）加强医疗卫生领域伙伴合作。

为更好地规划相关活动，乍得公共卫生部出台了 2013～2015 国家卫生发展计划，目的是进一步促进地方卫生事业发展。

在整体发展战略框架下，乍得政府已经确立了 17 个纵向计划，包括"防治艾滋病之行业计划""国家消除盘尾丝虫病和象皮病计划""国家防治麻风病计划"等。

三 医疗卫生系统

2006 年 5 月，乍得通过了 360/PR/PM/MSP/2006 号法案，规定乍得公共卫生部下设三个总务管理机构和七个技术部门。

乍得国家医疗卫生系统自上而下呈三级金字塔形。中央一级包括全国医疗卫生委员会、中央管理总局及其负责的相关部门、国家级医疗卫生机构，包括国家总医院、新生医院、药品采购站、国家卫生及社会从业者学校、妇幼医院等。中间一级包括大区医疗卫生委员会、大区医疗卫生代表委员会、大区公立医院和大区培训学校以及大区供给药房。基层一级包括县级医疗卫生委员会、县级干部队伍、县级公立医院、卫生所、责任区医疗卫生委员会。

医疗系统内不同层级的机构在其内部相互影响，金字塔形也说明了乍得医疗结构等级分明。然而，在实际运行中，系统组织远比理论上复杂，原本分属不同级别的机构之间既相互合作，也彼此掣肘。这些机构往往分属不同组织，工作目标也不完全一致。

乍得医疗卫生信息系统也相应分为三级：中央一级负责协调数据的采集、编辑、分析和解释说明工作；大区一级负责监管下属各县，确认其报告的有效性后对数据进行编辑整理；县级则负责监管责任区域负责人，这些负责人的工作是收集、检查及确认各医疗机构每月的工作报告。

乍得政府正在通过提高医疗服务从业人员、县级和大区医疗卫生代表委员会干部队伍的能力，以及对他们进行培训、监管来提高医疗报告的完整性，加快报告传送速度，同时提升报告数据的质量。

乍得政府以每月、每季度和每半年为期通报国内疾病情况。通报经由各县医疗卫生委员会负责人和大区医疗卫生代表委员会负责人定期会面、国家级和地方级每月医疗卫生例会或碰头会整理完成。责任区将每日统计数据提交卫生所，卫生所负责人形成每月数据报告后再上交至医院总监察或负责的医生处。有关信息则由各县或大区医疗卫生代表委员会以纸质或电子文稿形式送交卫生信息司。

四　医疗队伍

因篇幅有限，此处仅介绍医疗卫生领域从业人士，暂不考虑医科学校等培训机构的储备型人才。

2013 年的数据显示，包括宗教机构、军队组织、非政府组织以及其他非乍得公共卫生部直属团体中的相关人员在内，乍得医疗卫生从业人员共计 8176 人。其中，医生 573 名，护士 3606 名，助产士 451 名，妇科专业技术人员 24 名，污物处理技术人员 109 名，药剂师 72 名，药学技术人员 182 名，行政管理人员 448 名，等等。

尽管乍得政府及其他相关组织在招聘和培训上进行了大量投入，医务工作者需求量仍然较大，相关人员数量少和质量不高的问题至今尚未得到解决。每年，乍得国内公立和私立医药专业学校毕业生能否充分就业也是民众关心的问题。

乍得国内最主要的医务工作者类别主要有：医生、护士（包括高级护理技师、护理助理、已获国家护理文凭的护士、卫生技术人员 ATS 以及获得合格证书的护士 IB）、助产士和妇科专业技术人员。

需要补充的是，有关乍得国内医务人员需求缺口的统计仅是基于一定地理范围、在公立和私立医疗卫生行业的上述几类从业人员数据计算得出，并不一定完整。

（一）医生

根据世界卫生组织规定的标准，每 10000 名居民应配备 1 名医生和 1 名药剂师，每 5000 名居民应配备 1 名有资质的护理人员，每 5000 名育龄女性则应配备 1 名持国家文凭的助产士。

2013 年，乍得全国平均每 22109 个居民只配有 1 名医生。按照世界卫生组织的标准，乍得医生缺口为 694 名，政府仍需继续实行有效的医务人员培训计划。

然而，在乍得大部分地区都出现医生紧缺问题时，首都恩贾梅

纳却是一个例外。相对来说，较多医生聚集于此，首都平均每
4298 人即拥有 1 名医生。虽然理论上应将医务人员从数量较充足
地区调往较稀缺地区，但首都地区情况特殊，原因是这里建有多家
高等级医院，需依靠专科医生确保运转，而专科医生在乍得又极度
稀缺，全国仅首都地区医院才聘有专科医生。乍得国内的 6 名儿科
医生行医地点均在首都；仅有的 14 名妇科医生中，仅 1 名在外地。
其他专科医生也基本在首都恩贾梅纳工作。

（二）药剂师

乍得每 175951 名居民拥有 1 位药剂师。乍得全境拥有药剂师
72 人，与世界卫生组织所建议的按人口配比标准相差较大，缺口
达 1195 人。在全国仅有的 72 名药剂师中，70% 以上在恩贾梅纳。
8 个大区医疗卫生代表委员会负责区域内各配有 1 名药剂师。此
外，还有 14 名药剂师隶属军队、教会和非政府组织的医疗机构。

（三）有资质的护理人员

此处"有资质的护理人员"包括已获国家护理文凭的护士、
获得合格证书的护士、卫生技术人员、高级护理技师、护理助理以
及同级别护理人员。

相比上述医生和药剂师的情况，护理人员虽也存在分布不均的
现象，但人数相对充足。乍得全国护理人员共计 3606 名，平均每
3513 名居民配备 1 名。首都恩贾梅纳拥有 1289 名护理人员，平均
每 847 名居民配备 1 名。

（四）助产士

鉴于乍得产妇死亡率和婴儿死亡率居高不下，乍得政府有关负
责机构及与其合作、为其提供资金和技术支持的组织都寄希望借助
助产士和妇科医生以扭转当前形势。然而，2013 年的统计数据显

示，乍得全国拥有助产士 451 名，尚不能满足群众需求，仍有 100 名左右的缺口。

助产士在首都过度集中的情况也十分严重。恩贾梅纳只需 48 名助产士，实际却有 244 名，约占全国助产士总数的 54%。但是，其中许多助产士需转回各自原本职业。换言之，乍得全国对这一职业群体的实际需求比统计数据所反映的需求要大许多。2012~2013 年，恩贾梅纳未再新增助产士。另外 196 名助产士则服务于其他人员编制较为匮乏的地区。2013 年，所有大区都至少配有两名助产士，但分布仍旧不均。提贝斯提大区比标准数量多出 9 人，而瓦达伊大区则比标准要少 31 人，地区间差距较为悬殊。

五　医疗基础设施、设备保障和预算

（一）医院

基础设施建设和设备配给无疑是乍得医疗卫生事业发展的一大基础。2005 年以来，乍得政府在这一方面做出了很大努力。截至 2013 年，全国共建成卫生所 86 个，县级医院 19 座，大区医院 6 座，妇幼医院 1 座，目标是保证所有医疗卫生县均拥有县级医院，所有大区医疗卫生代表委员会驻地均拥有大区医院。下文将着重介绍乍得最重要的几所医院。

乍得妇幼医院是一所教学医院。该医院各科室总计有 615 名工作人员，其中 286 人的工资由国家财政拨款支付，329 人为合同制员工。妇幼医院理论上共有床位 295 张，实际可使用床位数量为 261 张，具体如下：产科 49 张，妇科 49 张，重症监护室 17 张，术后休养 18 张，普通儿科 58 张，小儿外科 30 张，新生儿科 40 张。除提供"补充性"医疗服务外，妇幼医院还提供包括孕检、计划

生育、疫苗接种在内的基础医疗服务。2013 年，妇幼医院共接诊患者 48196 人次，这一数字较 2012 年增长了 48.66%。

国家总医院是公立医院，地位特殊，配备了法律专业人才，且在经费和管理上均独立自主。2013 年，共接诊患者 28510 人次，较 2012 年增长了 31.09%。

国家生产卫生及产科瘘管病护理中心 2010 年年底投入使用，2011 年 5 月实际开始运营。该院主要针对母婴提供医疗服务，包括妇科检查、孕检、儿童检查、计划生育、瘘管修复、分娩救护等，分担了恩贾梅纳几家大医院的压力。

（二）医疗设备

医疗仪器设备的重要性不容忽视，如生物医学设备对诊断有着重要的辅助作用。2013 年，大区医疗卫生代表委员会负责地区所使用的仪器设备有：生物医学仪器、信息技术设备、冷藏链必需的制冷设备、监督管理所需的交通工具及救护车等。简言之，乍得该级别医院共有普通交通工具 54 辆、救护车 201 辆、信息技术设备 178 件、发电机 128 组、冰箱 645 个、冷冻柜 96 个、超声波检查设备 47 个以及 X 射线检查仪器 40 件。在各大区医疗卫生代表委员会负责的区域中，西恩内迪和萨拉马特两区没有任何医学影像设备；色拉有超声波设备，但没有 X 射线仪器，与之相对的是另一区有两台 X 射线仪器，但没有超声波设备。乍得政府正设法均衡协调各区的仪器配备。

2001 年，非洲国家首脑会议在尼日利亚首都阿布贾召开。会议建议非洲各国将本国总预算的 15% 用于卫生领域。2008 ~ 2012 年，乍得在这一方面的预算比重仍然较小，基本占财政总预算的 5% ~ 6%。2013 年，医疗卫生领域预算占总预算的比重则达到了

9.49%，为十多年来最高水平，预算金额较前一年增长了40%，主要原因是该领域投资和补贴实现了大幅增长。此外，基础设施和设备部也在医疗卫生领域投入较大数额资金，但并未纳入国家财政预算。

值得一提的是，自2009年起，乍得实行流行病急诊治疗免费政策。众多患者原本被排除在医疗保障制度之外，现在得以享受急诊免费待遇。自2013年起，该制度受益范围扩大至基层医疗机构卫生所一级。2013年财政预算用于急诊治疗方面的投入达到55亿中非法郎，较2012年增加了37.94%。

六　常见疾病

2013年，在乍得基层医疗机构治疗的疾病中，总体排名前十位的是：疟疾（37.21%）、急性呼吸道感染（12.19%）、腹泻（6.45%）、外伤（3.37%）、皮肤感染/皮肤病（3.27%）、营养不良（2.26%）、耳鼻喉感染（1.88%）、痢疾（1.79%）、泌尿系统感染（1.71%）以及结膜炎（1.53%）。由此可见，在卫生所一级，患者最常见的就诊疾病为疟疾。同2003年乍得公共卫生部统计的十种最常见疾病相比，此次排名中新增了四种疾病，分别是外伤、皮肤感染/皮肤病、耳鼻喉感染及泌尿系统感染。

如按年龄分组，排名情况又会出现不同变化。对于0~11个月、1~4岁、5~14岁以及15岁以上人群来说，最容易感染的疾病均为疟疾，比例分别为31.58%、45.6%、45.63%和30.96%。其次是急性呼吸道感染，年龄越小的人群患病率越高，1岁以下患儿中有1/4患有此类疾病，而1~4岁的比例则下降至16.25%。14岁以下患病儿童除易患疟疾和急性呼吸道感染以外，最容易感染的疾病是腹泻，15 岁以上则多是外伤。此外，4 岁以下儿童还容易受营养不良影响和感染皮肤病。总的来说，0～11 个月、1～4 岁和5～14 岁的未成年人到卫生所就诊原因中，排在前三位的疾病和乍得全民统计的情况一致，即疟疾、急性呼吸道感染和腹泻；而成人体力活动较多，危险性更大，因此受伤情况也相对更多，外伤在15 岁及以上人群到卫生所就诊原因中位列第三。但是，疟疾是各年龄段人群就诊的首要原因。从 2013 年统计数据看，感染疟疾人数是居就诊原因第二位的急性呼吸道感染人数的 3 倍多。

疟疾是乍得人致病和死亡的首要原因，5 岁以下儿童和妊娠期妇女是高危群体。为此，政府专门制定了具有针对性的"国家防治疟疾计划"（PNLP），旨在减少因疟疾而引起的患病率和死亡率。此外，乍得政府还采取其他重要措施，包括针对怀孕女性实行"病例有效负责机制"和"周期性预防治疗"；安装经由长效杀虫剂处理的蚊帐纱窗，改善个人和集体卫生；加强对民众的宣传教育和沟通工作，动员全社会为此做出努力。

腹泻是乍得基层医疗机构接诊患者的五种最主要病因之一。以2013 年为例，卫生所登记腹泻患者 194687 例，较 2012 年增长6.8%，全年患者增幅平稳，6 月份达到峰值（占全年新增病例总数的 10.72%）。前往卫生所就诊的腹泻患者中，最主要的人群是0～11 个月的婴儿，1～4 岁儿童的患病比例是 5 岁以上人群的 5倍。总的来说，2009～2013 年，卫生所接诊腹泻患者数量持续增加，涨幅达到了 42.41%。

在大区一级的医疗卫生机构中，除上面提及的疾病外，还有以下常见病（按当地习惯分类）。

（1）感染性疾病和寄生虫疾病：细菌性痢疾、阿米巴痢疾、伤寒。

（2）消化系统疾病：口腔牙龈感染、肝炎、痔疮、胃炎/胃溃疡/十二指肠溃疡。

（3）内分泌、营养类和新陈代谢疾病：贫血、糖尿病、镰状细胞性贫血。

（4）眼部疾病：白内障、沙眼。

（5）骨关节系统、肌肉、结缔组织疾病：痛风。

（6）妊娠、分娩和产褥期疾病：先兆流产、堕胎、先兆早产、早产、产后忧郁症。

（7）外伤损害、中毒及其他外部因素造成的伤害：外伤。

（8）循环系统疾病：脑血管意外、动脉高血压。

（9）肿瘤：宫颈癌。

（10）泌尿生殖系统疾病：梅毒。

有效控制住传染病蔓延的前提是具备切实有效的传染病监测体系。因此，1999年，乍得政府即建立"流行病综合监测服务体系"（SSEI），该体系也在不断被完善。乍得中央政府曾就监测人员培养和组织等事宜出面协调，世界卫生组织曾为此向乍得政府提供了技术、后勤及资金支持。"流行病综合监测服务体系"所监控的疾病共有12种，分别是：脑膜炎、麻疹、新生儿破伤风、黄热病、霍乱、麦地那龙线虫病、禽流感、戊型肝炎、甲型H1N1流感、脊髓灰质炎（急性弛缓性麻痹）、疟疾以及营养不良（中重度）。

2005年，乍得艾滋病病毒携带者/艾滋病患者比例为3.3%，城市地区比例为7%，高于农村地区的2.3%。同时，数据显示女性感染率高于男性（4%:2.6%）。艾滋病在普通民众中蔓延，且呈稳定趋势。然而，根据联合国艾滋病规划署和世界卫生组织最新评估数据，在高风险人群中，艾滋病病毒传播情况依地区、性别及年龄段不同存在较大差异。

2013 年，乍得艾滋病病毒/艾滋病蔓延情况特点如下：

（1）艾滋病病毒携带者死亡率上升：57.14/千人；

（2）女性艾滋病病毒携带者的死亡率高于艾滋病病毒携带者整体的死亡率：61.75/千人∶57.14/千人；

（3）新增感染者 12000 人，其中 63.3% 为女性；

（4）15~49 岁年龄段女性新感染者为 4717 人，高于同年龄段男性（3373 人）。

2005 年以来，感染艾滋病病毒的总人数显著下降，从 2005 年的 3.3% 减少到 2013 年底的 2.5%。参加孕检的孕妇感染者数量自 2009~2013 年逐年递减，分别为 3.4%、3.1%、3% 和 2.9%。据联合国艾滋病规划署和世界卫生组织估算，乍得青年男性感染率也从 2005 年的 2.0% 降至 2013 年的 0.5%，青年女性感染率从 2.6% 降至 0.9%。新增感染者人数在 2005~2013 年减少了将近半数（从 23000 人减至 12000 人）。

艾滋病患者死亡率方面，数据显示，2005 年死亡人数为 16000 人，2013 年为 15000 人；死亡率在 2005~2010 年逐步下降，2012 年后又有所回升。

乍得新增感染病例和死亡人数下降的部分原因有：

（1）国民性行为上的改变，即避孕套的使用率不断上升，从 2007 年的 38% 增加至 2012 年的 48.7%；

（2）医疗救助状况改善，自 2007 年起，艾滋病病毒携带者医疗免费，包括生物补充检查；

（3）医疗质量改善，70% 接受抗反转录病毒药物治疗 12 个月以上的携带者得以存活。

　　在所有人群中，青少年是特别值得关注的弱势群体。被学校开除、跨年龄段性关系、被边缘化、早婚、社会文化环境等因素都使得青年女性比男性面临更大的感染风险。乍得国内针对青少年群体的性/生殖健康教育较为缺乏，年轻人比较容易吸食毒品，也比较容易发生不安全性行为。此外，有研究报告指出行"割礼"是女性感染疾病的原因之一，很多女性因行割礼而感染了艾滋病病毒。

　　在献血人群中，艾滋病病毒感染者在 2011 年占 3.1%，2012 和 2013 年都保持在 2.7% 的水平。乍得自愿检测中心评估的艾滋病呈阳性人士比例也相对稳定：2012 年为 6.4%，2013 年为 6.1%。

第六章

文　化

乍得的全民教育水平较低。但是，进入 21 世纪以来，乍得在教育方面仍取得了比较明显的进步。人民文化生活虽相对贫乏，但也涌现出了一批作家和艺术家。

第一节　教育

一　概况

乍得是非洲内陆国家，国土辽阔，但多属荒原沙漠，人口密度较低。根据 2009 年统计数据，非洲大陆每平方千米人口数为 30 人，而乍得仅有 9 人。因此，就近入学是一个很难解决的问题。此外，乍得国民绝大部分为农村人口（78%），剩下的城市人口中又有 40% 集中于首都恩贾梅纳及附近郊区。人口分布不均造成了严重的教育资源分配不平衡。

乍得国内居民教育状况欠佳，教育普及率较低。根据联合国教科文组织统计数据，2012 年，乍得初等教育适龄儿童未入学率高达 36.2%。此外，乍得在教育领域还存在许多实际问题，如男女受教育比例失衡、课堂学生人数过多、教师资源配备不足、留级比例过高、儿童上学难等。受诸多问题影响，乍得教育水平总体持续下降，最直观的表现为近年乍得学生高中毕业会考成绩每况愈下。

乍得政府早已意识到问题的严重性，于是将教育纳入国家优先发展领域之一。根据乍得 2006 年通过的相关法案，65% 的石油收入必须用于优先发展领域。这些经费主要用于包括学校校舍在内的教育基础设施的修建和修缮工程，教师的招聘及教师收入状况的改善以及免费义务教育的实施等。

二　教育体系

乍得教育体系包括"正式教育"和"非正式教育"两种模式。"正式教育"包括学前教育、初等教育、中等教育（含初高中）、技术和职业教育以及高等教育。"非正式教育"包括非正式基础教育和扫盲教育。

2005 ~ 2011 年，乍得全国教育系统内学校总数从 6698 所增至 10346 所，增幅为 54.5%，平均年增长率为 9.15%。其中，数量最多的是小学，约占学校总数的 3/4；其次是中学。从数量上可以看出，不同类型学校的数量差距很大，失衡现象较为明显。

（一）初等教育

2006 ~ 2007 学年、2008 ~ 2009 学年以及 2010 ~ 2011 学年，学生人数都有较为明显的增长，增幅在 10% 左右。这意味着在教室数量没有相应或者更大幅度的增加前，平均每间教室的学生人数将难以达到国际标准。2005 ~ 2011 年，女童入学情况较好。截至 2010 ~ 2011 学年，小学男女学生比例差已由 2005 年的 19.6 个百分点降至 14.8 个百分点。

初等教育是乍得国民教育中唯一毛入学率较高的教育阶段。

2001~2011 年的 10 年间，毛入学率总体有所提升，从 2001~2002
学年的 80.4% 上升至 2010~2011 学年的 91%。其中，女童的毛入
学率相应地从 63.6% 上升到 80%。国际组织对非洲女童的教育情
况一直十分关注，这也在一定程度上促进了乍得初等教育男女不平
等状况的改善。尽管全国总体情况有所好转——全国平均女生/男
生比例从 2005 学年的 67% 上升至 2010 学年的 74%，但各地区情
况参差不齐，仍需进一步努力（见表 6-1）。

表 6-1　乍得初等教育入学学生人数情况

单位：人，%

项 目	2005~2006 学年	2006~2007 学年	2007~2008 学年	2008~2009 学年	2009~2010 学年	2010~2011 学年
女生	521828	603809	628619	688387	725608	821344
男生	774658	868288	901092	982818	1001422	1107259
总计	1296486	1472097	1529711	1671205	1727030	1928603
女生比例	40.2	41	41.1	41.2	42	42.6
增幅	—	13.6	3.9	9.3	3.3	11.7

数据来源：乍得经济、计划和国际合作部及乍得国家数据、经济及人口研究院：《乍得社会
经济报告》。

　　初等教育的完成情况则不尽如人意。2006~2011 年的数据显
示，初等教育完成率一直处于较低水平，基本在 37% 左右徘徊。
在这一方面，男女学生差距较大。换言之，在乍得初等教育阶段，
在入学时就占有大多数的男性学生的小学毕业率（46%~49%）
远远高于女性学生（26%~28%）。

　　此外，2005~2011 年，乍得小学学校数量由 6104 所增加为
8786 所，增加了 43.9%。近年，学校性质也发生了一些变化。
2005~2006 学年，51.9% 的小学为公立学校，而到 2010~2011 学

年，公立小学的比重已下降到 41.8%；社区兴办的小学发展较为迅速，比重由 2005～2006 学年的 41.9% 上升到 2010～2011 学年的 51.6%。

小学教师人数从 2005 年的 20670 人增加至 2011 年的 30813 人，增幅达 49%。然而从师资结构看，大约 2/3 的教师为社区聘用的非公务员编制代课教师，只有 1/4 是拥有国家公务员编制的正式小学教师，剩下约 1/12 是教师助理。实际上，这些社区聘用的教师往往只接受过短期培训，资质水平相当有限，工资待遇也比正规教师低得多，工作热情不高。因此，乍得小学师资队伍中，训练有素的教师人数严重不足。尽管在短期内，这些大量招聘的非正规代课教师可以缓解人口增长而导致的师资不足的困境，但从长远看，如果这些资质不足的教师成为初等教育系统师资的主体，将影响乍得普及教育目标的完成。

（二）中等教育

小学毕业后选择进入初中学习的学生比例由 2006 学年的 62.6% 上升到 2010 学年的 72.7%，男生比例每年基本高于女生 7～8 个百分点，这一差距小于男女生初等教育完成率的差距。

2006～2008 年的三年间，乍得初中阶段学生人数增长速度较快，特别是 2006 年和 2007 年，学生增长比例都超过了 17%。虽在 2009 学年和 2010 学年，这一增长比例分别降至 1.34% 和 3.3%，但从整体看，初中学生数量增长仍较为显著——2005 学年为 193327 人，2010 学年则达到了 315754 人。从毛入学率看，2001 年平均为 18.8%，2010 年上升至 29.2%，2009 年曾达到 32.4%，为 10 年间的最高水平。

乍得教育各阶段的学生留级率都比较高。2005～2011 年初中阶段，无论男女生，留级率均在 17%~21%。初中毕业考试通过率近年来有所下降，从 2007~2008 学年的 77.2% 降至 2010~2011 学年的 72.3%。此外，2005~2011 年，每学年男女生中考通过率差距都很小，女生通过率往往略高于男生。

高中阶段，2010 年的学生人数达到了 134260 人，是 2005 年（52009 人）的 2 倍多。中学学校数量由 2005 年的 594 所增至 2010 年的 1269 所，五年增幅为 113.64%。这 1000 余所中学中，初中学校占 3/4，但高中学校在五年内增幅高达 148%，远远超过初中学校的增长速度（103.1%）。在恩贾梅纳，尽管小学数量较少，但中学数量远超其他地区，2010 年达到 198 所。学校平均每班学生人数保持在 60 人左右，在 2005~2010 年中没有较大变化。

乍得中学教师资质情况复杂，有的持有中学教师资格证，有的是大学本科生，还有的是志愿者、合同教师、临时聘用教师。从总体数量看，五年间增长了 28%，2010 年时总人数达到 13730 人。

2001~2010 年，高中阶段毛入学率也大幅增长，女生毛入学率从 2001 年的 4.4% 上升到 2010 年的 9.11%，男生则从 17.8% 上升至 30.09%。但是，总的来说，乍得高中阶段的毛入学率仍相对较低，2010 年平均只有 19%。

男女生高中阶段留级率则相对持平，都在 22% 上下浮动。2009~2010 年，女生的留级率略高于男生，而此前女生往往低于男生 1 个百分点。

从 2003~2013 年的数据来看，乍得学生高中会考通过率总体呈下滑趋势，从 2004 年的 50.1% 降至 2013 年的 8.7%。同时，

中间某些年份的变化较大：2010 年的通过率为 31.0%，而 2011
年只有 15.8%，2011 年成为乍得高中会考通过率下滑的起点年
（见表 6 - 2）。这一现象引起了乍得国内各界人士对现行教育体
系的质疑。

表 6 - 2　乍得高中会考通过率

单位：%

项目 年份	2003	2004	2005	2006	2007	2008	2009	2010	2011	2012	2013
通过率	31.1	50.1	40.4	38.6	41.6	39.7	30.0	31.0	15.8	9.0	8.7
变化	10	61	- 19	- 5	8	- 5	- 25	3	- 49	- 43	- 3

数据来源：乍得经济、计划和国际合作部及乍得国家数据、经济及人口研究院：《乍得社会
经济报告》。

（三）技术教育、职业教育及扫盲教育

截至 2011 年，乍得拥有技术教育和职业教育机构共计 37 所，
其中有 14 所位于首都恩贾梅纳地区，剩下的 2/3 则分布于其他 13
个大区。2006～2011 年，除恩贾梅纳外，其他地区的职业、技术
学校数量几乎没有变化，首都地区则从 2006 年的 6 所增加到了
2011 年的 14 所。

乍得的技术教育学校分为工业技术学校（初中）、工业技术高
中和商业技术高中三种类型。截至 2011 年，乍得国内拥有工业技
术初中和高中各 2 所，商业技术高中 19 所。职业教育学校则有 14
所，分为技术职业培训中心和农业职业学校（初中）两类，其中
技术职业培训中心的数量占了绝大多数。

2006 年，乍得共有扫盲中心 2596 所。2011 年，此类机构的数
量增至 3274 所，增幅为 26.12%。扫盲中心最多的是东洛贡大区，

数量为 402 所 （2006 年），而恩贾梅纳则拥有 159 所，在乍得各地区中排名第七。

（四） 高等教育

乍得的高等教育机构分为三种类型：私立大学、私立学院和公立大学，2008 年全国共有高等教育机构 45 所。其中，数量最多的是私立学院，为 28 所，占高校总数的一半以上。

虽然私立学院数量居多，但是 52% 的大学生就读于公立大学，原因是私立学校费用较公立学校要高许多。从专业上看，有 48% 的学校都开设了社会科学领域方向的专业，而科学和卫生保障领域则分别排在第二、三位（分别为 15% 、12% ）。

在高等院校中，男女比例差距变得相当明显。其中，男生占 81% ，女生只占 19% 。

此外，值得一提的是，只有 28% 的大学毕业生会选择进入私营企业，绝大多数学生会选择在国有企业或公共事业单位就业。

（五） "全民教育计划" 完成情况

自 1990 年起，联合国教科文组织制定并实施了一项针对全球各国的教育普及运动，名称为 "全民教育计划"。各国政府、非政府组织、双边及多边基金会出资人以及媒体都参与其中，努力为包括儿童、青少年及成人在内的所有人员提供基础教育。

2000 ~ 2015 年 "全民教育计划" 的目标和衡量指标为：

（1） 加强儿童早期发展，衡量指标为学前教育入学率；

（2） 实现初等教育普及，衡量指标为初等教育完成率；

（3） 确保青年和成年人习得基本生活技能，衡量指标为中等教育第一阶段完成率；

（4） 加强对成年人的扫盲教育，衡量指标为成年人的扫盲率；

（5）实现初等教育中的性别平等，衡量指标为小学中男女比例；

（6）提高教育质量，衡量指标为初等教育最后一年达到指定国际评估的最低要求的学生比例，而针对非洲的地区性国际评估为非洲法语国家教育部部长联盟主持的"非洲法语国家联盟教育系统分析项目"。

2014年的联合国教科文组织报告显示，乍得没有成为全球完成"全民教育计划"2000～2015年预定目标的国家。按照"全民教育计划"非洲发展指数的评分结果，乍得从2000年的11.3分上升到2012年的22.5分，虽已取得较大进步，但仍与其他非洲国家有很大差距。非洲发展指数平均分为57.1，比乍得高出一倍有余。

具体来说，在六项目标中，第五项"初等教育中的男女平等"完成情况与目标相差甚远；第四项"成年人扫盲率"以及第二项"初等教育完成率"均刚刚超过35%。特别是"成年人扫盲率"，在2000年计划初始为35%，截至2012年，只上升了9个百分点，即每年上升不足1个百分点。

2012年乍得的"学前教育入学率"极低，仅有1.5%。2000年时，学前教育入学儿童占所有同阶段教育适龄儿童数量的比例为0.6%，这表明在学龄前儿童教育发展方面，即"全民教育计划"的第一个目标上，乍得在十多年的时间里几乎没有任何进步，与其他撒哈拉以南非洲国家平均20%的比例相比，落后了许多。

第三项"中等教育第一阶段完成率"也进展甚微，16%的完成情况依然处于撒哈拉以南非洲国家35%的平均水平之下。

在第六项教育质量方面，评估主要分为两个科目，即法语阅读和数学。2000 年时，评估针对的是已完成初等教育六年的 22～24 岁青年，其中 51% 的评估对象可以流畅阅读，而非洲国家平均比例为 63%。采用"非洲法语国家联盟教育系统分析项目"后，评估对象改为初等教育最后一年的乍得学生，2010 年法语阅读一项的分数为 38/100，2012 年数学分数为 38/100。从评估测试结果来看，2010 年 63% 的学生没有办法通过法语阅读测试（标准为 40% 以下的答案有误），这一比例虽然低于 2004 年的 73%，但是和参与"非洲法语国家联盟教育系统分析项目"的其他撒哈拉以南非洲国家相比，教育质量明显较差。

最后，在资源配置和财政投入上，乍得居于撒哈拉以南非洲国家的中上等之列。2012 年，乍得政府动用了 22% 的国内生产总值，并安排了 24% 的公共财政预算发展教育。相比于 2000 年教育投入占国内生产总值的 10% 和占公共财政预算的 22% 相比，乍得在教育领域的投入大幅增加。而 2012 年撒哈拉以南地区的平均投入则分别为上述两项的 20% 和 22%。乍得拨付教育领域的财政预算中，有 53% 用于初等教育，这对于想要完成初等教育全面普及的目标来说还不够。

世界各国及国际组织都在积极为乍得教育事业的发展提供帮助，如 2014 年，世界教育合作组织和卡塔尔分别向乍得提供 4720 万美元和 1.3 亿美元，用于支持乍得政府的教育体制改革；2015 年，法国和乍得签署资金总额为 600 万欧元的援助协议，供乍得国民教育部改善基础教育质量和促进学前教育项目。中国除了向乍得提供包括教育在内的众多领域的部分无偿援助和优惠贷款外，还在恩贾梅纳地区援建了三所农村小学。

第二节 文学艺术

一 文学

乍得在法语文学界的知名作家为数不多。其中，最为著名的是于 1966 ~ 1975 年担任乍得法律部部长的约瑟夫·卜拉欣·赛义德（Joseph Brahim Seid）。他的两部经典短篇作品入选了非洲各国学校的课本：一部是出版于 1962 年的短篇小说集《乍得星空之下》，另一部是自传体小说《乍得的孩子》，于 1967 年出版。

另一位值得一提的作家是安托万·班吉（Antoine Bangui）。他于 1962 ~ 1972 年多次担任部长职务，于 1972 年被捕入狱。在 1980 年出版的自传《托姆巴巴耶的囚徒》中，班吉讲述了自己在 1972 ~ 1975 年的牢狱生活。1983 年，他在另一部作品《考赫之影》中分享了自己关于童年的回忆。

巴巴·穆斯塔法（Baba Moustapha）则是乍得一位英年早逝的作家。他留下了多部作品。他的遗作——戏剧作品《扎卡将军》于 1983 年出版，内容涉及对军队独裁者的批判。在他去世前，他一直被视为乍得文坛最有希望的作家。

受经济、政治等因素影响，一些乍得作家选择在法国、瑞士等地生活和写作，如旅居法国的诗人、小说家、戏剧家尼姆罗德（Nimrod Bena Djangrang）等。

二 电影

乍得最著名的导演兼编剧是 1982 年后旅居法国的马哈曼特 –

萨雷·哈隆（Mahamat-Saleh Haroun）。他导演的首部电影《再见非洲》（1999）在 2003 年维也纳电影节上斩获两个奖项。2006 年，他执导的《旱季》获威尼斯电影节评委会大奖。2010 年，电影作品《尖叫的男人》作为参赛影片入围第 63 届戛纳电影节，最终荣获评委会大奖。2013 年，马哈曼特－萨雷·哈隆凭借影片《格里格里》再度入围戛纳电影节。此外，他于 2002 年拍摄的作品《爸爸出走了》也引起较大反响。

另一位导演伊萨·塞尔日·克洛（Issa Serge Coelo），毕业于法国高等视听制作学校，最新作品为《恩贾梅纳城》（2008）。

三　文化遗产

乍得于 1999 年 6 月 23 日签署了联合国教科文组织制定的《保护世界文化和自然遗产公约》。

2012 年 7 月，乌尼昂加湖泊群成为乍得国内首个被联合国教科文组织列入世界遗产名录的景点。乌尼昂加湖泊群位于乍得北部恩内迪区的撒哈拉沙漠内，由 18 个湖泊组成，面积 62808 公顷。湖泊群的水源由地下水补给，各湖泊相互连接。此外，乍得还有 8 个景点位列世界遗产名录候选名单，其中包括 4 处文化遗产，3 处自然遗产和 1 处自然与文化综合遗产，它们分别是：恩内迪和提贝斯提地区的岩刻岩画（文化遗产）、贝肯村冶金旧址（文化遗产）、德勒－纽加尔神秘铁矿（文化遗产）、乌阿拉宫殿遗迹（文化遗产）、乍得湖（自然遗产）、扎库马国家公园（自然遗产）、茹拉伯沙漠古人类遗址（自然遗产）、恩内迪高地自然与文化景观（自然与文化综合遗产）。

四　文化活动

近年来，乍得的文化活动逐渐开展起来。2011 年底，首都恩贾梅纳的新电影院开始营业。这家影院由乍得政府投资建设，播放设备画质音效优良，播放厅内干净整洁，座位宽敞舒适，是中部非洲地区设备最先进、环境最优雅的电影院。此外，政府也开始重视科学文化知识产业的发展。2011 年，乍得国家图书馆建成并投入使用，国家博物馆也相继向市民开放，丰富了乍得人民的文化生活。

第三节　体育

足球是乍得普及度最高的运动。乍得人对足球十分痴迷。尽管条件简陋，缺乏良好的装备，甚至有时只有一个布料缝制的球状物，但只要有空地，哪怕是街头巷尾，都可以看见包括少年儿童在内的乍得民众在"球场"上尽情挥洒汗水。乍得足球国家队归乍得足球协会管理，是国际足协及非洲足协成员之一。乍得至今未参加过任何国际大赛的决赛，无论是在世界杯还是在非洲国家杯外围赛阶段都未取得过出线资格。

乍得国家篮球队隶属乍得篮球协会，曾于 2011 年获得非洲篮球锦标赛第 15 名。

乍得国家奥林匹克委员会成立于 1963 年，次年得到国际奥委会的承认。1964 年后，乍得开始参加奥林匹克夏季运动会，除 1976 年和 1980 年外，每届奥运会都可看到乍得运动员的身影。但是，截至目前，乍得尚未参加过冬季奥运会，乍得也尚未获得过奥运奖牌。

乍得体育事业发展水平落后，在非洲国家中排名居后，这与国家整体落后有着很大关系：乍得缺乏必要的体育器材和基础设施，体育专业人员配备不足。更重要的是，国家对体育事业不够重视，也没有能力对体育领域进行投入，体育事业管理也十分薄弱。

第四节　新闻出版

一　报刊纸媒

乍得纸质媒体发展于 20 世纪 90 年代初。

官方通讯社为乍得新闻及编辑通讯社（ATPE），前身为乍得通讯社（ATP），成立于 1966 年，隶属于乍得信息和新闻部，2012 年改为现用名，并享有经营管理自主权。在全国主要城市均设有记者站，不定期出版新闻稿。

恩贾梅纳拥有 17 家报社，其中比较有影响力的有以下几家：

《进步报》，为乍得发行量最大的私人日报，每日发行量达 30000 份。立场亲政府，报道公允翔实，在公众中很有影响。报社所有人为乍得前新闻部部长、政府发言人伊塞纳。

《阿尔维达周报》，原为反对党刊物，2009 年后经过收编，结束了长达 15 年的封禁，成为正式公开出版的报纸，网址为：http：//www. alwihdainfo. com/。

《恩贾梅纳半周报》，由反对党"争取发展与革新全国同盟"领导人克扎伯于 1990 年创立，由教会和海外赞助者资助出版，具有反政府色彩，讽刺政府政策和乍得政治人物，也是乍得公众获知国际新闻的主要渠道。

此外，较有影响的还有周刊《时代报》《观察家》《我们的时代》，半月刊《镜报》，月刊《乍得与文化》等。

二 广播电视

乍得拥有国家广播电台和电视台各一家，两所机构均直属乍得信息和新闻部。

乍得国家广播电台（RNT）于1963年乍得独立之后正式享有国家广播电台的地位，获得自主经营权。但在之后的较长时间内，其节目播出前须将节目内容送信息和新闻部审核，负责审核的主管人员多为法国人。2006年后，乍得国家广播电台和乍得国家电视台联合成立乍得国家无线电台及电视台管理局。此后，国家广播电台改组，下设新闻组、节目组和技术组，工作人员共计226名。主站设在首都恩贾梅纳，蒙杜、萨尔等地设有中转站。目前，电台信号尚不能覆盖全国。广播语言为法语、萨拉语和阿拉伯语。除新闻外，主要播放文化、教育、音乐和医疗节目。

乍得国家电视台（ORNTV）成立于1987年12月，下设新闻组、节目组、技术组、无线组以及生产组。信号主要覆盖首都和西南部地区，目前每天播出8小时，除法语和阿拉伯语新闻外，还播放乍得文艺节目和当地连续剧，定期转播国内外重大体育赛事。此外，电视台每天播放2小时从欧洲电视网购买的法语科教节目。

第七章

外 交

第一节　外交概况

1960 年建国伊始，乍得就加入了联合国。同年，乍得参加了法语非洲国家会议和蒙罗维亚会议。1961 年 6 月，乍得决定与法国驻拉密堡大使级高级代表机构中断关系，认为其干涉乍得内政，并向法国提出另派大使，始终与前宗主国——法国保持着密切关系。当时，美国、尼日利亚、苏丹等国在乍得也均设有外交代表机构。独立之初的乍得，重视国家统一、主权和领土完整原则，力求保持稳定的周边环境，反帝、反殖、反对种族主义和犹太复国主义；乍得拥护非洲团结，支持非洲民族解放运动，执行不结盟政策，重视发展同非洲及阿拉伯国家的关系；同时，乍得也致力于加强同西方大国和主要国际组织的关系。

1979 年 4 月，乍得民族团结过渡政府成立后，临时国家委员会主席古库尼强调执行"睦邻、友好、合作互利、不干涉别国内政和不结盟"政策，然而过渡政府忙于应对乍得国内的势力纷争，并不能真正开展外交活动。

1982 年，哈布雷上台后，乍得政府的外交路线基本没有改变，对外奉行睦邻、友好、合作和不结盟政策，支持民族解放运动，反对霸权主义和扩张主义，主张开展南北对话和建立国际政治经济新秩序。在 1983 年第 38 届联合国大会上，包括东盟国家在内的多个国家提出了关于要求外国军队立即全部撤出柬埔寨的决议草案，乍得也是提案国之一。乍得还曾投票支持巴基斯坦等 45 国提出的关于要求外国军队立即撤出阿富汗的决议草案。乍得支持巴勒斯坦及阿拉伯人民反对以色列侵略的斗争，认为巴勒斯坦解放组织是巴勒斯坦人民的唯一合法代表。乍得于 1988 年 11 月 15 日宣布承认巴勒斯坦国。在这一时期，乍得努力争取获得国际社会的支持和经济援助，这是其经济取得一定发展的原因之一。

1990 年，代比总统上台，乍得独立以来的外交基本原则仍然得到保持。作为联合国、非盟和中非国家经济共同体等国际和地区组织的成员国，乍得较为积极地参与国际和地区事务。乍得支持安理会改革，坚持非盟"埃祖尔韦尼共识"立场；希望中国能够继续在国际治理中发挥领导作用，支持中国推动联合国改革，特别是增加小国在安理会中的代表席位，希望有非洲国家成为安理会常任理事国并拥有否决权。作为中非国家经济共同体创始国，乍得认为，中部非洲国家应摒弃狭隘的民族主义，加快地区一体化进程，改变地区国家在全球化中的边缘化地位，并呼吁各成员国加强合作，扩大共同体影响力。

截至 2013 年，乍得同世界上 81 个国家建立了外交或领事关系，并在 38 个国家设立大使馆。2013 年 10 月，乍得当选为 2014～2015 年度联合国安理会非常任理事国。

第二节　与美国的关系

1961 年，乍得与美国建交。目前，美国已成为乍得第一大援助国和第一大出口目的地。然而，建交五十多年以来，乍得与美国的关系也经历了很多起伏。

从建交到 20 世纪 70 年代中期，乍美关系发展比较稳定，经济、政治合作均有所开展，但规模比较有限。1964 年 6 月，美国同乍得签订了关于为乍得培养干部的合作协定，美国提供一定的资金和人力支持，为乍得培训警察等人员。此外，美国还向乍得派遣了两名公共工程专家，参与乍得国内基础设施建设。在建交后的十年间，美国向乍得提供了约 1000 万美元的援助。1971 年，美国又承诺向乍得提供 3000 万美元的援助。1968 年，乍得曾加入美国控制的 "中非国家联盟"，后迫于法国的压力退出。基于两国之间的良好关系，美国公司较早就取得了在乍得勘探和开采石油的权利。1970 年 7 月 24 日，美国大陆石油公司同乍得签订协定，在乍得投资石油开采项目，投资总额为 566 万美元。

70 年代后半期，乍美关系出现了一些波动。1975 年，美国驻乍得文化中心无视乍得总统马卢姆承认安哥拉 "人运" 的立场，散发 "安运" 传单，引发乍得政府的严重不满。乍得政府宣布关闭该文化中心，并驱逐了其负责人，美国随即召回其驻乍得大使。但是两国关系的紧张局面非常短暂，随着 1976 年下半年美国向乍得派遣了新大使，并继续对乍得提供援助，两国关系有所改善。

由于乍得内乱，美国曾经在 1980 年 3 月至 1982 年 1 月期间短暂撤离外交人员。在 80 年代的乍得内战当中，美国采取了支持哈布雷政府的立场，反对利比亚支持的古库尼武装力量。1983 年，美国向哈布雷政府提供了 2500 万美元的紧急军援。从 1983 年到 1986 年，美国保持了对乍得的军事援助和经济援助力度。1982 ~

1989 年，美国向乍得提供的经济援助总额达 1.86 亿美元。

90 年代，代比上台后，美国仍然保持了对乍得的经济援助，但这一时期两国关系相对冷淡。1992 年和 1993 年，美国又分别向乍得提供了 1600 万美元和 47.5 亿中非法郎的援助。1994 年 9 月，美国前总统卡特访问乍得。1995 年，两国关系一度跌入谷底，美国减少了对乍得的援助，并于 6 月 9 日关闭了其援助开发署驻乍得办事处。1995 年 10 月，代比总统参加联合国成立 50 周年纪念活动并顺访美国，试图缓和两国关系，美国对乍得的军事援助随后得到继续开展。次年 4 月，驻欧美军指挥官詹姆森上校访问乍得，表示愿意帮助乍得制定和实施缩编军队计划。1999 年 8 月，乍得总统代比对美国进行私人访问。

进入 21 世纪，乍美关系中合作与矛盾继续并存。美国对乍得的军事支持和发展援助仍然在继续。"9·11"事件后，美国对反恐行动的重视加强，因此加大了与非洲进行安全合作的力度。乍得作为萨赫勒地区地理位置十分重要的国家，也是美国在非洲的合作伙伴之一。2002 年，美国向乍得派遣了一支由 28 人组成的"和平队"，向乍得政府提供顾问支持，帮助乍得培训反恐力量。美国还是乍得排雷计划的主要参与者，曾有数十名美国士兵在乍得北方执行排雷任务。2002 年，美国向乍得政府提供了 700 万美元的官方发展援助。此外，美国还向乍得教育、环境、社会等部门的小型项目提供物资或资金支持。在国际和地区事务中，两国也有一定的协调与合作。

然而，在 2003 年美国入侵伊拉克问题上，乍得采取了明确的反对立场。乍得国民议会通过声明，谴责美英发动伊拉克战争，呼吁通过外交途径和平解决伊拉克危机，表示了对伊拉克以及整个中东地区局势的忧虑，并呼吁联合国和世界各国为维护世界和平稳定做出更大努力，呼吁有关各方遵守联合国安理会第 1441 号决议。

21 世纪初影响乍得与美国合作的另一个重要问题是石油的开发合作。自 2003 年起，乍得开始生产原油，日产油量为 16 万至 17 万桶。美孚和雪佛龙等组成的联营公司取得了在乍得开发石油的许可，有 2000 余名美国石油技术人员在乍得工作，实际上控制了乍得石油的开发与销售。美国随之成为乍得石油第一出口国。在不到三年的时间里，联营公司在乍得赚取利润约 50 亿美元。

然而乍得并没有因为石油开发的推进而摆脱贫困，乍得政府认为美国企业对乍得石油的控制是导致其蒙受重大经济损失的直接原因。2004 年，乍得总统府发表公报称，自 2003 年乍得正式出产石油以来，美国石油联营公司曾以每桶 18 美元的价格向某些特定的市场出售 5000 万桶原油，而当时的国际原油平均价格已超过 30 美元。即使后来世界原油价格已经飙升至每桶 70 余美元，乍得的石油价格仍然被该石油联营公司控制在 25 美元左右。乍得政府认为这是一种"掠夺行为"，要求控制本国资源，加大本国对原油的开发、生产、输出各个环节的参与。2006 年，乍得政府知会石油联营公司，要求其遵守合同中约定的新国家税法，但后者不予理会。乍得总统代比下令，要求雪佛龙公司在 24 小时内离境。

虽然经历了经济问题方面的争端，乍得与美国开展安全合作的大方向并没有改变。近年来，乍美两国外交和军事往来增多，在地区热点问题上的协调能力也逐渐加强。2009 年 7 月，美国国防部助理部长哈德莱斯顿访乍。同年，美国总统达尔富尔问题特使格拉逊访问乍得。2010 年 2 月，美国苏丹问题特使格拉逊访问乍得，斡旋苏丹局势。2014 年，乍得总统代比赴美国出席美非峰会。同年 1 月，乍得总理德贝会见了美国负责非洲事务的副助理国务卿大卫·吉尔莫，吉尔莫对乍得军事介入马里和中非表示赞赏。

第三节 与法国的关系

一 与法国的政治关系

乍得是法国的前殖民地，独立后也与法国一直保持着比较密切的传统关系，乍得独立后，两国签署了一系列财政、经济、文化、教育和军事等方面的合作协定，巩固和强化了传统关系。

1960 年 6 月，法国政府在乍得首都拉密堡派驻了大使级高级代表机构。因该机构多次干涉乍得内政，托姆巴巴耶政府与其断绝关系，要求法国另派大使，而亲法国的以让·巴普蒂斯特为首的"保卫乍得利益联盟"和以艾哈迈德·库拉马拉为首的"非洲社会主义运动"等代表北方各部族酋长势力的党派则表示了反对。

1960 年 8 月 11 日乍得独立之日，法国与乍得政府签订了一系列合作协定，涉及国防、经济技术和文化等方面，并要求在乍得驻扎 3000 余名法国士兵。在独立仪式上，托姆巴巴耶称，乍得忘不了法国和戴高乐总统给予乍得的帮助。但是，乍得同时也反对法国过度干涉其内政并控制其政局。

虽然在较长一段时间内，法国驻军问题在乍得因争论激烈而悬而未决，但两国高层互访持续进行。1964 年 7 月，托姆巴巴耶赴法国进行私人访问。1972 年，乍得和法国两国元首互访。

哈布雷执政时期，两国高层往来频繁。1983 年，法国总统密特朗、非洲事务顾问佩内、合作部部长级代表尼西、国防部部长埃尔尼等先后访问乍得；10月初，哈布雷总统赴巴黎与法国总统举行单独会谈。1984年4月，法国总理莫鲁瓦访乍；10月，哈布雷总统访法。1990年，哈布雷政权摇摇欲坠时，法国对其态度发生明显变化；11月，乍得内战再次爆发，法国政府称此系乍得内政，严令其驻乍部队"恪守中立"，不再向哈布雷政府提供援助。

20世纪90年代初，法国政府开始大力扶持代比政权，并向其政府提供14.9亿中非法郎的财政援助。进入21世纪，乍、法两国关系曾出现危机，原因是石油开发问题。2000年3月，因法国埃尔夫石油公司撤出乍得石油开发计划，乍得驱逐法国大使。随着同年5月新大使到任，两国关系有所改善。2001年1月，在喀麦隆举行的法非首脑会议期间，代比与希拉克举行了单独会谈。2002年9月，希拉克以私人身份访问乍得。

2004年后，乍法两国高层互访又进入蜜月期。代比经常以私人身份访问法国，或者出席在法国举行的法非首脑峰会等重大国际会议。法国方面的出访也十分频繁。2004年2月，法国外长德维尔潘访问乍得；5月，法国合作部部长级代表科尔斯访问乍得。2005年7月，法国外长布拉齐访问乍得。2006年6月，法外交部负责国际合作的部长级代表布里吉特·吉拉尔丹访乍；11月，法国总理德维尔潘访乍。2007年6月，法国外长库什内访乍；11月，法国总统萨科齐对乍得进行短暂工作访问，与代比总统就法非政府组织"佐伊方舟"偷运儿童事件进行商谈。2008年2月，法国总统萨科齐再次访问乍得。2009年9月，法国负责外贸事务的国务秘书伊德拉克访问乍得；10月，法国负责绿色科技事务的国务秘书雷塔赴乍得出席主题为"保护乍得湖"的世界可持续发展论坛。

近年来，两国高层互访不断。2015 年，代比两次对法国进行工作访问，与法国总统奥朗德进行商谈。

二　与法国的军事合作

20 世纪 60 年代和 70 年代，法国在乍得的军事存在受到了乍得部分党派和乍得民众的反对，持续影响两国关系。1964 年 4 月，乍得国民议会迫于压力，通过了一项法案，要求法国军队在 3 个月内从乍得撤出。但法国拒绝讨论撤军问题。当时法国在乍得驻有 3000 多名士兵、315 名技术援助人员、30 名民政人员和 167 名教员。

1976 年 3 月，乍法两国开始谈判，修改独立时双方签订的各项合作协定，新协定取消了法国的某些特权，同年 9 月，法国裁撤了在乍得的军事基地。根据新签署的《乍法军事合作协定》，法国向乍得派出 300 名军事合作人员，执行协助乍得训练军队等任务。但是乍得内战仍是法国在乍得保留军队的借口。从 1978 年上半年起，法国向乍得派遣了 1500～2000 名士兵，协助乍得政府打击反政府军。1980 年，在乍得政府的再次要求下，法国撤走了全部军队。

哈布雷执政时期，1983 年 6 月，乍得再次爆发内战。法国与乍得的军事合作又得到加强。应哈布雷政府请求，除了大量军事援助，法国还向乍得派遣了由 3000 多人组成的特遣部队。1984 年，法国国防部部长夏尔·埃尔尼先后三次访问乍得。1986 年，法国应哈布雷请求，再次在乍得部署军事力量。

哈布雷下台后，法国驻乍部队从 1300 人增至 1850 人，代比上台后，多次访问法国，乍法关系变得更加密切，尤其是在军事合作领域。1992 年，法国总统特别参谋长凯诺将军三次访问乍得，双方签署协议，法国帮助乍得改建其军队。1994 年，乍得还派兵参加了法国在卢旺达的"绿松石行动"。1997 年 7 月，代比总统再次对法国进行正式访问，其间会见了法国总统希拉克、总理若斯潘及法国商界人士。1998 年 9 月，法国军队参谋长让·皮埃尔·凯尔什和合作部部长若斯兰先后访问乍得，商讨两国合作事宜。法国在乍得长期设有军事基地，驻乍得的"食雀鹰"部队有 825 人，军事顾问 150 人。

进入 21 世纪，在新的形势下，乍法两国在安全方面的合作日益密切，两国外长、国防部部长定期互访。在达尔富尔危机期间，法国推动联合国安理会在乍得东部和中非东北部进行维和部署，对乍得形成了有力的保护。2007 年，法国实施了乍得国民卫队和机动卫队（GNNT）的重组支持计划。2010 年以来，法国还推动欧盟支持乍得军队的改革计划，主要内容是裁员和退伍士兵的安置。2013 年，应马里政府请求，乍得出兵马里，参与了联合国授权、法国主导的"薮猫"行动，打击恐怖分子。2014 年，法国针对马里的新月形沙丘行动的参谋部就设在了乍得首都恩贾梅纳。2013 年 6 月，代比总统赴法国巴黎出席费利克斯·乌弗埃 – 博瓦尼和平奖颁奖仪式，又于 12 月赴巴黎出席非洲和平与安全峰会并会见法国总统奥朗德。2014 年 5 月，代比赴巴黎出席尼日利亚安全问题国际峰会。2014 年开始，反恐在双方安全合作中的地位得到明显提升。2014 年 7 月，法国总统奥朗德访问乍得，宣布将在乍得首都恩贾梅纳设立地区反恐中心；11 月，法国总理瓦尔斯率国防部部长勒德里安访问乍得。2015 年 2 月，法国外长法比尤斯赴乍得等国商讨打击"博科圣地"事宜。

三　与法国的经济关系

乍得是世界上最贫困的国家之一，其民生很大程度上依靠外援，法国是其最大的援助国之一。根据1973年两国签订的合作协定，法国向乍得提供的经济、技术援助和财政补贴，占乍得全部外援的40%左右。当时，法国也是乍得最大的贸易合作伙伴，两国贸易占乍得对外贸易总量的70%。法国公司几乎承包了乍得—喀麦隆管道建设的全部工程。

1982年6月，哈布雷执政后，法国不断向乍得提供大量财政和经济援助，主要用以修复被战争破坏的公共设施，恢复农业生产和行政机关工作。1984年，法国向乍得提供的援助总额达7000万法国法郎。1985年，法国对乍得的援助总额为3.17亿法国法郎（其中包括军事援助5000万法国法郎）。1983～1988年，法国对乍得的援助总额达3.92亿美元。2001年2月，法国合作部部长查理·若斯兰访问乍得，两国签署了为期3年的贷款协议，法国向乍得提供30.55亿中非法郎的援助，优先用于卫生、农村发展、国家安全等领域。2014年，法国向乍得提供的发展援助增加至1750万欧元。主要用于支持乍得小型企业的发展，支持乍得公共卫生事业和灌溉项目。此外，法国的发展援助也支持乍得的高等教育发展。

贸易和投资方面，近年来，乍得与法国之间的贸易额稳中有升，年贸易额为1.6亿欧元左右。其贸易增长主要依靠法国向乍得的出口带动。法国主要向乍得出口药品、粮食、电器、汽车等。乍得主要向法国出口橡胶和石油。2013年，石油在乍得对法国出口物品中居于首位。从对外直接投资额看，法国是乍得的第三大投资国，仅次于美国和中国。乍得投资环境差，在乍得经营的法国企业有20多家，其中包括一些可更新能源企业。

第四节　与俄罗斯及东欧国家的关系

1964 年 11 月 24 日，乍得同苏联建立外交关系。1968 年 6 月，托姆巴巴耶总统访问苏联，两国签订了文化和贸易协定。同年 12 月，两国签订了经济技术合作协定。苏联承诺帮助乍得培养技术干部，并派专家帮助乍得拟定农业改革纲要。

1972 年，乍得和苏联两国议会代表团互访。同年，乍得派妇女学习代表团访问苏联。1973 年，乍得司法部部长率代表团赴苏联参加世界和平力量大会。1975 年，乍得三位部长应邀先后访问苏联，苏联也派高级军事代表团访问乍得，两国签署了军事合作协定和新的文化合作协定。

哈布雷执政后，乍苏两国往来较少，苏联驻恩贾梅纳使馆一度撤馆。1978 年后，苏联开始同哈布雷政府接触，商谈复馆事宜。1988 年，苏联向乍得提供的奖学金名额由往年的 25 名增至 50 名。1989 年 1 月，乍得驻苏联首席参赞履任。1990 年 6 月，苏联驻乍得大使馆复馆。1991 年 2 月，苏联向乍得派遣大使。

苏联解体后，乍得和俄罗斯签订了一系列双边协议，包括文化科技合作协议（1998 年）和军事技术合作协议（2000 年）等，但关系进展比较缓慢。

进入 21 世纪，乍、俄两国在国际和地区问题上的协调得到强化。2007 年，乍得外长访问俄罗斯，同俄罗斯外长举行会谈。2009 年，俄罗斯联邦委员会（议会上院）国际事务委员会主席、俄罗斯总统苏丹问题特别代表马尔格洛夫访问乍得。2011 年 12 月，马尔格洛夫再次访问乍得，乍得总理接见，乍得外交国务秘书与其举行会谈。2013 年，俄罗斯支持乍得参选 2014 ~ 2015 年度联合国安理会非常任理事国。

两国在民间交往和援助培训方面也取得一定进展。2000 年，乍得首都恩贾梅纳和莫斯科州斯图皮诺市缔结友好城市关系。2005 年 8 月，恩贾梅纳市市长率团访问斯图皮诺，出席斯图皮诺市日庆祝活动。自 2010 年起，俄罗斯内政部为乍得国家警察局警察提供高级培训，截至目前，已有超过 50 名警察赴俄培训。2011 年，俄罗斯联邦政府通过联合国粮食计划署向乍得提供 180 万美元人道主义援助。

近年来，乍俄两国在双边交往方面比较活跃。2013 年 3 月，乍得总统代比出席在南非德班举行的金砖国家峰会期间，同俄罗斯总统普京举行了私人会谈。4 月，乍得外交和非洲一体化部秘书长达戈率团访问莫斯科。9 月，俄外交部副部长博格达诺夫率团访问恩贾梅纳，乍得总统代比会见博格达诺夫一行。在第 68 届联合国大会期间，乍得外长法基同俄罗斯外长拉夫罗夫举行会谈，双方签署了两国外交部门举行双边政治磋商的备忘录。

2014 年，乍得和俄罗斯庆祝建交 50 周年，两国外长互致贺电。

苏联解体后，1994 年，乍得同乌克兰、立陶宛、乌兹别克斯坦和土库曼斯坦等国建交。1999 年 7 月 23 日，乍得和哈萨克斯坦建交；9 月 17 日，同克罗地亚建交；10 月 13 日，同马其顿建交。

第五节　与中国的关系

一　与中国的政治关系

1960 年 8 月 11 日，乍得宣布独立，周恩来总理和陈毅外交部长分别致电视贺。但是乍得迅速倒向了台湾当局，于 1962 年 1 月与其建立了所谓的外交关系。双方也开展了一些合作活动。1964 年，乍得同台湾签订农业技术合作协定。1971 年 7 月，乍得农业和农村发展部部长赴台湾参加活动。

为了保持与台湾当局的良好关系，乍得在恢复中华人民共和国在联合国合法席位问题上持反对态度。在第 15 届联大上，美国提出了阻挠恢复中华人民共和国合法席位的提案，乍得代表投弃权票。在第 18 届联大就恢复中华人民共和国合法席位的提案进行表决时，乍得代表仍投反对票。1969 年和 1970 年，乍得在联合国大会上均就恢复中华人民共和国在联合国的合法席位的提案投了反对票。1971 年，在第 26 届联大上，乍得对阿尔巴尼亚和阿尔及利亚等国关于恢复中华人民共和国在联合国一切合法席位和驱逐台湾当局的提案投了反对票。乍得当时的总统托姆巴巴耶对于中国的社会主义道路持敌视态度，曾于 1965 年 2 月发表讲话称："中国的意识形态对非洲的发展毫无用处。"他甚至还在 1970 年的第 25 届联大上鼓吹"两个中国"。

尽管如此，中国方面仍然积极努力改善双边关系，争取建交。1971 年 5 月，乍得爆发霍乱，中国红十字会向乍得捐赠人民币 100 万元，并赠送疫苗。经过不断争取和努力，1972 年 11 月 28 日，乍得与台湾当局"断交"，同中华人民共和国建立外交关系。在此后一个阶段，中乍两国关系发展比较顺利。1973 年，总统托姆巴巴耶的私人顾问阿齐兹访华。同年，两国签订了经济技术合作协定。1975 年，中国农林部副部长郝中士访问乍得。同年，乍得工商局局长德林率代表团访华。1976 年底，乍得外交和合作部部长卡穆格应邀率代表团访问中国。1978 年 9 月 20 日，乍得总统马卢姆访华。

20 世纪 80 年代初，因乍得内战局势紧张，中国使馆人员撤离乍得，直至 1985 年 6 月才复馆。因中国驻乍得大使尚未赴任，1985 年 11 月，中国驻刚果（布）大使杜易代表中国政府出席了乍得国庆活动，表示对发展双边关系的重视。1989 年 11 月，乍得"全国工人联合会"代表团访华。同月，中国国务委员兼国家教委主任李铁映，团中央国际联络部副部长、全国青联副秘书长王胜洪分别率团访问乍得。1990 年 6 月，哈布雷总统正式访华。

1990 年 12 月，代比上台执政后，比较重视对华关系。1992 年 10 月，中国外交部部长助理李肇星率团访问乍得，参加中国援助乍得人民宫竣工典礼及中乍建交 20 周年庆祝活动。1994 年 1 月，中国外交部部长助理王昌义访问乍得。1996 年 1 月，国务院副总理兼外长钱其琛访问乍得。

然而，1997 年 8 月 12 日，乍得与台湾当局"复交"，中国政府宣布自 8 月 15 日起中止同乍得的外交关系，停止执行两国政府间一切协议。中国在乍得的权益由阿尔及利亚驻乍得使馆代为管理。实际上，早在 1994 年初，台湾当局就开始对乍得进行了拉拢，双方就"复交"进行了具有实质性内容的会谈。此后，台湾当局多次派员赴乍活动。

随着中国的发展和乍得自身的发展，乍得意识到承认中华人民共和国才是正确的选择。2006 年 8 月 6 日，中国外交部部长李肇星与乍得外交、非洲一体化和国际部部长艾哈迈德·阿拉米分别代表两国政府在北京签署《中华人民共和国和乍得共和国关于恢复外交关系的联合公报》，决定即日起恢复两国大使级外交关系。

复交后，两国各领域友好交往与合作得到迅速恢复和发展。

2006 年 8 月代比连任总统，中国政府特使、外交部部长助理翟隽出席了代比就职典礼仪式，并转交了国家主席胡锦涛致代比总统的亲笔信。9 月 2 日，中国驻乍得使馆复馆小组抵达乍得首都恩贾梅纳。高层互访随之启动。10 月 19~22 日，乍得基础设施国务部部长阿杜姆·尤努斯密率外交部部长、国防部部长和财政部部长等人访华。同年 11 月 2~7 日，乍得外长阿拉米率代表团出席中非合作论坛峰会暨第三届部长级会议，得到全国政协主席贾庆林的接见。12 月 16 日，中国驻乍得大使王英武到任，并于 2008 年 1 月 3 日向代比总统递交国书。

2007 年 1 月，外交部部长李肇星访问乍得，与乍得外长阿拉米举行会谈，与乍得总统代比和基础设施国务部部长尤努斯密分别举行会见。2 月 23 日，乍得总理帕斯卡尔·约阿迪姆纳吉逝世，国务院总理温家宝、李肇星外长分别致唁电。2 月 27 日，温家宝总理致电祝贺乍得新任总理努尔丁·德瓦尔就职。3 月 21 日，乍得新任驻华大使松吉·艾哈迈德向胡锦涛主席递交国书。4 月 18 日，乍得外长阿拉米访华，国家副主席曾庆红会见。4 月 19 日，李肇星同阿拉米举行会谈并出席乍得驻华使馆复馆仪式。

2007 年 9 月 19~23 日，应中国国家主席胡锦涛的邀请，乍得总统伊德里斯·代比对中国进行了国事访问。胡锦涛与代比举行会谈，国务院总理温家宝和中央军委副主席、国务委员兼国防部部长曹刚川上将分别与之举行会见。两国领导人对复交以来中乍关系的发展表示满意，同意共同致力于构筑两国长期稳定、真诚友好、全面合作的国家关系。9 月 26 日，阿拉米外长出席了在纽约举行的中非外长首次政治磋商会议。

2008 年 1 月，乍得反政府武装与政府军发生激战。中国在乍得侨胞和中资机构人员生命财产受到严重威胁。外交部迅速启动应急机制，在中国驻外使领馆的全力协助下，411名中国公民最终全部安全从乍得撤离。3月，中国政府非洲事务特别代表刘贵今访问乍得。4月18日，国务院总理温家宝向乍得总理尤苏弗·萨利赫·阿巴斯致就职贺电。4月25日，中国外交部部长杨洁篪致电乍得对外关系部部长穆萨·法基·穆罕默德，祝贺其就任外长。5月中国四川省汶川大地震发生后，代比总统和阿巴斯总理分别致函国家主席胡锦涛和国务院总理温家宝表示慰问。5月21日，乍得对外关系部部长法基来到中国驻乍得使馆，吊唁"5·12"大地震遇难者。6月3日，乍得执政党"爱国拯救运动"总书记阿杜姆率多名爱拯运全国政治局成员到中国驻乍得使馆吊唁"5·12"大地震遇难者。8月，乍得总理阿巴斯来华出席北京奥运会开幕式。2009年6月，中国政府非洲事务特别代表刘贵今访问乍得，会见乍得总统代比，与外长法基举行会谈，双方就两国关系及苏丹达尔富尔问题等交换了意见。8月，乍得石油部部长穆罕默德·纳赛尔·哈桑和经济计划部部长奥斯曼·马塔尔·布雷梅访华。同月，中国新任驻乍得大使杨广玉向代比总统递交国书。11月，乍得外长法基和经济计划部部长布雷梅出席了在埃及举行的中非合作论坛第四届部长级会议。其间，杨洁篪外长会见了法基外长。

2011年2月，杨洁篪外长访问乍得，乍得总统代比会见。同日，杨洁篪陪同代比总统出席了中国援建乍得新国会大厦奠基仪式。10月13日，乍得外交、非洲一体化与国际合作部部长法基访华，国务院副总理李克强会见，外交部部长杨洁篪与其举行会谈。

2012年7月，乍得外长法基来华出席中非合作论坛第五届部长级会议，外交部部长杨洁篪与其举行会谈。8月，中国政府非洲事务特别代表钟建华访问乍得，乍得总理曼努埃尔·纳丹加尔会见，双方就南北苏丹问题、中乍关系等交换了看法。2012 年，中国政府向乍得等非洲萨赫勒地区国家提供了价值总计 7000 万元人民币的粮食援助。

2013 年 3 月，中国国家主席习近平出席金砖国家领导人同非洲国家领导人对话会，乍得总统代比参加了对话会。8 月，乍得外长法基对中国进行工作访问，外交部部长王毅与其举行会谈。

2014 年 1 月，全国政协副主席、中联部部长王家瑞率中共代表团访问乍得，乍得总理德贝与之会见。

2015 年 5 月 7 日，应乍得国民议会议长卡巴迪邀请，全国人大常委会副委员长张平访问乍得。访问期间，张平副委员长会见乍得总统代比，同国民议会议长卡巴迪举行会谈。10 月 15 日，乍得总统代比赴华出席 2015 减贫与发展高层论坛，国家主席习近平会见。

二　与中国的经贸关系

1972 年建交后，中乍经贸关系迅速发展。根据 1973 年 9 月两国政府签订的经济技术合作协定和贸易协定，中国在乍得实施三个援建项目，分别涉及农业、体育场和沙里河公路段建设。两国政府还签署了贸易协定，规定双方贸易以现汇支付。中乍两国贸易额逐年上升。中国主要从乍得进口棉花，向乍得出口绿茶等。

1978 年 9 月，中乍两国再次签订经济技术合作协定和贸易协定。后因乍得国内局势动荡，中国对乍得经济援助工作无法进行，中国专家不得已于 1979 年撤回国内。同年，广西国际公司和甘肃省建设公司在乍得注册，开设经理部，承建了恩贾梅纳市协和体育场、排水渠、清真寺维修、海关仓库及阿贝师范学校工程，受到乍方好评。但是很长时期内，两国贸易额无实质性增长。

从 20 世纪 80 年代到 90 年代，中国对乍得的经济援助一直在继续。1984～1985 年，中国政府曾向乍得政府捐赠救济粮 1 万吨。1990 年，两国签订了关于《中华人民共和国向乍得共和国政府提供贷款的协定》。1992 年 11 月，在中乍建交 20 周年之际，两国签署了经济技术合作协定。1994 年，代比访华期间，双方签署了两国政治经济技术合作协议。中国在恩贾梅纳援建的人民宫和自由医院分别于 1992 年和 1997 年建成并移交乍得政府使用，双方还就人民宫的使用签署了技术合作协议。1996 年 1 月，钱其琛副总理兼外交部部长访问乍得期间，两国签署了经济技术合作协定。1996 年 10 月，中国援助乍得的邦戈尔 B 垦区稻田振兴项目也正式移交乍方。

在乍得与台湾当局"建交"期间，中乍贸易得以继续，乍得从中国进口商品，但对华出口几乎为零，两国贸易态势低迷。但到 2002 年以后，中乍进出口贸易额大幅增长，主要原因是中国从乍得的进口大增。

2006 年两国复交，当年双边进出口额同比增长 36%，主要是中国进口同比增长 33.22%，当年中乍进出口贸易额和中国从乍得进口额均创历史新高。2007 年，两国经贸关系发展持续向好。乍得矿业和能源国务部部长穆罕默德·阿里、石油部部长埃马纽埃尔·纳丁加尔、经济和计划部部长奥斯曼·马塔尔等分别访华。2009 年，中乍合资炼油厂输油管道正式开工建设，中国援乍三所农村小学交付使用。同年，乍得首都恩贾梅纳市政道路项目完工。

2010 年 4 月，商务部副部长傅自应率中国政府经贸代表团访问乍得，主持召开第一届中国乍得经贸混委会会议。9 月，乍得贸易和工业部部长优素福·阿巴萨拉来华出席第二届世界投资论坛。同年，中国援助乍得议会大厦、自由医院修缮等项目启动。2011年6月，中乍合资炼油厂落成投产。12月，由中方提供优惠贷款实施的巴阿赫水泥厂投产。

据中国商务部统计，2013年当年中国对乍得直接投资流量1.21亿美元。截至2013年末，中国对乍得直接投资存量3.21亿美元。2013年，中国企业在乍得新签承包工程合同57份，新签合同额17.36亿美元，完成营业额11.50亿美元；当年派出各类劳务人员2174人。

2009~2013年中乍贸易情况见表7-1。

表7-1 2009~2013年中乍贸易统计

单位：亿美元

项目	2009年	2010年	2011年	2012年	2013年
贸易总额	2.14	5.27	3.60	3.93	4.9
中国进口	0.65	4.96	2.65	2.21	1.1
中国出口	1.48	0.31	0.95	1.73	3.8

数据来源：中国商务部、海关总署。

2014年，中乍双边贸易额为4.26亿美元，其中中方出口3.18亿美元，进口1.08亿美元。中方主要进口石油，出口电子器材、茶叶、纺织品等。

三 其他往来

除政治、经贸往来外，中国还积极在政党交流、民间往来、文化合作及医疗援助等领域同乍得展开合作。

在政党交流方面，双方的互访从 20 世纪 90 年代开始逐渐增多，进入 21 世纪以来，乍得执政党与中国的交往持续稳定发展。1989 年，乍得全国独立和革命联盟中央执行局第一副执行书记苏古米率领该盟代表团访华并签订中乍文化协定。1991 年 4 月，乍得执政党爱国拯救运动执行委员、新闻和宣传第一书记阿德里安·贝约·马洛访华。同年 10 月，爱国拯救运动副执行书记穆卡塔尔·巴萨尔访华。1997 年 7 月，爱国拯救运动主席、议会第一副议长马尔东·巴达·阿巴斯率爱拯运代表团访华。2008 年 10 月，乍得执政党爱国拯救运动总书记阿杜姆应邀对华进行正式访问，中共中央对外联络部部长王家瑞会见阿杜姆，双方就两党合作和共同关心的问题深入交换了意见。2010 年 6 月，乍得执政党爱国拯救运动总书记那古姆访华。2015 年 10 月，乍得爱国拯救运动总书记纳丁加尔率团访华，中共中央政治局委员、中组部部长赵乐际会见纳丹加尔一行，双方就继续发展两党关系，深化两国互利合作进行了交流。

在民间友好交往方面，两国在不同领域和层次上的接触逐步深化。1991 年 12 月，中国人民对外友好协会副会长刘庚寅率中国友好代表团访问乍得。1997 年 4 月，乍得首都恩贾梅纳市与中国广西壮族自治区柳州市结为友好城市。2011 年 6 月，应乍得外交部邀请，中国人民对外友好协会副会长冯佐库率团访问乍得。其间，代表团分别会见了乍得总理纳丹加尔、总理府负责权力下放的部长级代表达赫洛布、外交部国务秘书奥科米、首都恩贾梅纳市第一副市长及乍得雇主协会副会长等。双方就加强两国民间合作及交流交换了看法。同年 10 月，应中国人民对外友好协会邀请，乍得伊斯兰事务最高委员会主席谢依克·伊森率团对北京、宁夏、甘肃进行了友好访问。中国人民对外友好协会副会长冯佐库、宁夏回族自治区政协副主席马国权、甘肃省副省长李建华、中国伊斯兰教协会会长陈广元和国家民委副主任丹珠昂奔等分别与之会见。

在文化合作方面，1990 年 8 月，中国文化部副部长陈昌本率领中国政府文化代表团访问乍得，同乍方签订《中乍 1991～1992 年文化交流执行计划》。1993 年，中国文化部部长助理高运甲率中国政府文化代表团访问乍得，并与乍得文化部部长恩戈泰分别代表两国政府签署了《中乍文化协定》和《1993 至 1994 年执行计划》。2006 年复交后，两国文化交流繁荣发展。2007 年 9 月，乍得文化和艺术发展部部长迪拉·吕西安娜访华。2008 年 10 月，乍得国家舞蹈团应邀赴深圳参加 "2008 非洲文化聚焦" 大型中非文化交流活动。2010 年 8 月，乍得青年、体育和文化部部长吉贝尔·尤努斯出席上海世博会乍得国家馆日活动。2011 年 7 月，深圳艺术团赴乍访问演出。2013 年 2 月，中乍两国签署《中乍文化协定》。

在医疗援助方面，自 1978 年 11 月起，中国开始向乍得派遣医疗队。后因乍得内战加剧，中国医疗队被迫于 1979 年 7 月撤回。应乍得政府请求，1989 年 5 月，中国恢复向乍得派遣医疗队。2006 年复交后，中国继续向乍派遣医疗队。2009 年，中国－乍得疟疾防治中心挂牌，2010 年 6 月正式对外接诊。2013 年 6 月，中国援建的中乍友谊医院维修和新建医疗队宿舍项目完工。同月，乍得卫生部国务秘书卡达德代表总统代比向圆满结束任期的中国援乍第九批医疗队全体队员颁发了乍得国家骑士勋章。截至 2013 年，中国共向乍得派出十批医疗队，总计 97 人次，中国医疗队的贡献也得到了乍得各界人士的认可。

此外，中、乍两国还重视在军事交往、青年、妇女、培训等方面的合作。1995 年 8 月 23 日，社会事务和妇女地位部部长阿什塔·塞尔盖率乍得妇女代表团出席在北京举行的联合国第四次世界妇女大会。1996 年 12 月，中国人民解放军总政治部副主任唐天标率中国军事友好代表团对乍得进行友好访问。中国也向乍得提供高校奖学金，涉及农学、医学、道路、桥梁、水电、石油化工、建筑等专业。2013 年 11 月，乍得恩贾梅纳大学创建汉语系并开设汉语课程。2013 年乍得政府选派 135 人赴华参加 56 个多边、双边培训班，有 139 名乍得留学生享受中国政府奖学金。此外，2012 年 11 月，中国援建了乍得妇女培训中心项目。

第六节　与非洲各国的关系

一　重视区域合作

乍得历届政府均重视发展同邻国及其他非洲国家的友好合作关系，并积极参加非洲区域性组织。乍得是非洲联盟（原"非洲统一组织"）、萨赫勒 – 撒哈拉国家共同体、中部非洲国家经济共同体、中部非洲经济与货币共同体（原"中部非洲关税和经济联盟"）、萨赫勒国家间抗旱常设委员会、乍得湖盆地委员会（BLT）、尼日尔河流域组织等非洲区域性组织的成员国。

代比执政以来，积极出席这些组织的首脑峰会。1994 年 6 月，代比赴赤道几内亚出席中部非洲地区经济货币共同体和中部非洲国家经济共同体首脑会议。7 月，代比出席在阿尔及利亚召开的第 35

届非洲首脑会议，其间会见了尼日利亚总统奥巴桑乔、埃及总统穆巴拉克、利比亚领导人卡扎菲、巴解组织领导人阿拉法特和加蓬总统邦戈等人。1998 年 6 月，代比总统赴瓦加杜古参加非洲统一组织首脑会议。

21 世纪以来，乍得积极参加非洲促进和平与发展的各类会议，如 2001 年的"经济增长暨消除贫困首脑会议"、2004 年的非洲反贫首脑峰会、2013 年的伊斯兰合作组织第 12 届峰会和中西非国家政府首脑几内亚湾海洋安全峰会、2015 年的泛非绿色长城机构成员国政府首脑第三次会议等；乍得也努力承办中部非洲的区域峰会，如 2012 年的第 15 届和 2013 年的第 16 届中部非洲国家经济共同体首脑会议以及第 14 届乍得湖盆地委员会首脑会议。

2013 年 3 月，代比总统赴南非德班出席了第五届金砖国家峰会。

此外，法语国家与地区国际组织的峰会也成为乍得进行高层互动和寻求合作的重要场合。

在和平安全问题方面，乍得曾多次参与地区冲突的调解和维和行动。1996 年 12 月，代比总统赴布基纳法索出席第 19 届法非首脑会议，并于会后同加蓬、布基纳法索和马里总统一起前往班吉调停中非兵变。1998 年，刚果（金）冲突爆发，乍得出兵支持刚果（金）卡拉比政权。9 月，代比总统参加在利比里亚西尔兹举行的刚果（金）问题首脑会议。1999 年 4 月，乍得宣布从刚果（金）撤军。乍得曾多次参与中非共和国的军事冲突调解和维和。2013 年 1 月 31 日，马里临时总统迪翁昆达·特拉奥雷访问乍得，代比总统与其会见。同月，乍得出兵参加非盟在马里的军事干预行动，帮助马里政府打击恐怖主义势力。

二　与利比亚的关系

在乍得的邻国中，利比亚是与之关系最为复杂的一个国家，导致双方矛盾的主要因素有两个，一是领土争端，二是支持对方国家的反对派。两国多次因此断交。

20世纪70年代，利比亚占领了乍得北方奥祖一带的领土，并支持乍得反政府武装。1971年8月乍得发生未遂反政府政变。托姆巴巴耶政府指责利比亚参与政变，并宣布与利比亚断交。1972年底，两国复交。两国争端以及乍得内部的武装冲突引发了非洲统一组织和中、西部非洲国家的关注，非洲统一组织外长会议和首脑会议曾多次讨论乍得问题，并设立专门委员会进行调解。乍得邻国认为乍得的稳定关系地区和平，亦积极推动乍得各派和解，在尼日利亚的卡诺和拉各斯召开了四次乍得全国和解会议。

古库尼与利比亚领导人关系密切，他掌权后于1980年6月同利比亚签订了友好同盟条约。在古库尼与哈布雷之争中，利比亚支持古库尼，曾应古库尼要求出兵乍得，协助古库尼军队攻打哈布雷部队。1982年，哈布雷上台，利比亚不承认哈布雷政权，继续支持古库尼。哈布雷政府因此一再指控利比亚侵占乍得土地，要求利比亚军队撤军。两国争端甚至提交到联合国安理会，1985年，乍得向安理会指控利比亚企图谋杀哈布雷，利比亚予以否认。1986年2月17日，因利比亚轰炸恩贾梅纳机场，乍得外交部秘书科罗姆致函联合国安理会轮值主席，指责利比亚威胁中非地区和平。在非洲统一组织以及乍得和利比亚边界争端调节特别委员会的斡旋下，两国关系稍有缓和。但是1987年两国军事冲突再起，乍得与利比亚在乍得的奥祖镇发生争夺战，乍得军队则袭击了利比亚境内的迈阿坦－萨拉陆空基地。在此背景下，中非地区国家加大了斡旋力度，将和解委员会从部长级升格为国家元首级，加蓬总统担任委员会主席。此后，乍、利达成临时停火协议，并实现停火。

1988 年 5 月，非洲统一组织第 24 届首脑会议召开前夕，乍得与利比亚开始探讨复交问题。卡扎菲政府宣布承认哈布雷政府，得到哈布雷方面的积极回应。在非洲统一组织特别委员会的协调下，乍利两国外长在加蓬首都会晤。因为在会谈内容上存在分歧，乍得提出奥祖地区的归属问题，而利比亚并不愿就此进行讨论，会谈未果，但双方就两国关系正常化做出了积极表态。1988 年 10 月 3 日，两国宣布恢复邦交。

为了和平解决领土争端，两国决定将这一问题提请海牙国际法院进行仲裁。1990 年 8 月 31 日和 9 月 1 日，乍、利双方分别将两国领土争端诉讼提交海牙国际法院。1993 年 6 月 14 日，海牙国际法院开庭审理乍、利两国奥祖领土争端案，代比出席了开庭仪式，并表示愿服从海牙国际法院的判决。1994 年 2 月 3 日，海牙国际法院将乍、利争议领土奥祖地区划归乍得，随后两国在利比亚的希尔特市就裁决的具体执行方式达成协议。利比亚军队和政府工作人员撤出了奥祖地区，乍得收回了对奥祖的主权。此后，利比亚也基本遵守裁决。1997 年 1 月，利比亚在新出版的日历上的一张世界穆斯林分布图中，将乍得的奥祖地区划入利比亚版图。经乍得交涉，利比亚重申遵守 1994 年海牙国际法院关于奥祖地区归属问题的裁决。

实际上，在奥祖问题解决之前，代比政府就与卡扎菲政府改善了关系。1990 年 12 月，代比上台后，立即释放了利比亚战俘，而利比亚则向乍得新政府提供了一批食品和药物。

此后，除了 2001 年因乍得空军轰炸叛军设在利比亚边境的基地，两国关系发生短暂波动以外，两国关系一直较为稳定。利比亚经济较为发达，在各方面给乍得以援助。1991 年，利比亚宣布免除乍得所欠全部债务（2000 万美元），并向乍得提供了 300 万美元现汇援助和一批救灾物资。2000 年 2 月，卡扎菲总统之子塞伊夫访问乍得，为卡扎菲基金奠基；卡扎菲在恩贾梅纳出席萨赫勒－撒哈拉国家共同体首脑会议时，访问乍得南方城市邦戈尔，向当地居民赠送了一批农机。利比亚还承诺每年向乍得提供 500 名留学生名额和培训 70 名军官。

代比上台后，乍利两国通过乍利混委会专家会议进行磋商和确定合作项目，合作涉及政治、安全、经济、技术、文化等多个领域。1994 年 6 月 3 日，代比访利时，双方签署了《乍利睦邻友好与合作条约》，以及一系列关于各领域合作的协定。两国还就开放边界、促进人员物资流动问题进行了磋商。

两国在和平安全问题上也有很多合作。利比亚曾积极促成代比与古库尼以及叛军领导人多戈伊米之间的谈判。2002 年 1 月，利比亚促成乍得北方反政府军与政府签署和解协议。在刚果（金）、达尔富尔问题上，代比与卡扎菲都曾进行合作。在乍得与苏丹争端的调解中，利比亚也曾发挥积极作用。2006 年，利比亚主持召开非洲联盟小型首脑会议，促成乍得与苏丹签署和平协议。

自代比执政以来，乍利两国高层互访十分频繁。1991 年 2 月、8 月和 1992 年 10 月，代比总统先后 3 次访问利比亚。1992 年 12 月，利比亚代表团参加代比执政两周年庆典。1995 年 8 月，乍得总理科伊布拉访问利比亚。1998 年 4 月 29 日至 5 月 5 日，利比亚总统卡扎菲访问乍得，并在乍得主持了回历新年首次聚礼仪式。9
月 5 日，代比总统访问利比亚，参加"九一"革命日庆祝活动。
2001 年，两国关系紧张期间，代比在 1 年内 7 次访问利比亚，后
双边关系迅速恢复正常。2006～2010 年，代比每年都会访问利比
亚 2～3 次。

2011 年利比亚危机爆发后，乍得否认利比亚"全国过渡委员
会"关于乍得政府帮助卡扎菲的指责。卡扎菲政权倒台后，乍得
于 8 月 23 日正式承认利比亚"全国过渡委员会"为"代表利比亚
人民合法诉求的唯一政府"。9 月，代比总统出席了在法国召开的
"利比亚之友"国际会议。2012 年 12 月，利比亚新政府总理扎伊
丹率团对乍得进行工作访问。2014 年 10 月，利比亚国民议会主
席、国家元首萨利赫·伊萨访乍。两国关系稳定发展。

三 与中非共和国的关系

中非共和国政局长期动荡不安，兵变和政权更迭频繁，影响着
与周边国家的关系，这也是其与乍得关系发生起落的原因。乍得作
为邻国，多次参与中非动乱的调解和维和行动。1997 年 1 月，乍得
就曾派兵参加在中非共和国的维和行动。1998 年，中非总统帕塔
塞访乍。3 月，代比总统赴中非参加中非全国和解大会。

进入 21 世纪，由于乍得介入中非的派别之争，两国关系紧张，
一度引发两国的边境冲突。2001 年 11 月，中非共和国前武装部队
参谋长博齐泽叛乱图谋失败后流亡乍得，而乍得政府拒绝向中非引
渡博齐泽。2002 年 8 月，两国边境地区发生激烈的武装冲突，造
成双方较大的人员伤亡和财产损失。10 月 25 日，博齐泽在班吉策
划第二次武装叛乱，导致两国矛盾加剧。

在乍得与中非的矛盾调解中，非洲联盟扮演了重要的角色。2002 年 11 月，非洲联盟委员会主席埃西派非洲联盟调解团团长萨利夫前往班吉，与中非总统帕塔塞进行了会谈，之后前往乍得首都恩贾梅纳，与代比就两国和解问题交换了意见。

2003 年 3 月 15 日，博齐泽武力推翻了帕塔塞政权后，由于乍得一直支持博齐泽，所以两国关系迅速改善。2004 年 6 月，乍得和中非签订建立边防混合部队的协议，致力于保障边境安全。同年 8 月，中非总统博齐泽对乍得进行边境访问。中非的部队还曾参与打击乍得的反政府武装。2006 年 6 月 26 日，中非政府军及中部非洲经济与货币共同体部队，在毗邻乍得边境的戈尔迪勒地区（位于中非首都班吉东北 800 千米处），同乍得叛军发生交火并互有伤亡。

博齐泽执政后，乍得同中非关系一直较好，两国元首互访频繁。2005 年 12 月，中非总统博齐泽访乍，与代比会晤。2006 年 5 月，博齐泽访乍，祝贺代比连任总统。2008 年 2 月，博齐泽访乍；6 月，博齐泽过境乍得并会晤代比。2009 年 1 月和 2010 年 11 月，博齐泽访问乍得。2011 年 3 月，代比总统出席博齐泽连任总统就职仪式；6 月，博齐泽总统对乍得进行工作访问；7 月，博齐泽再次访乍。2012 年 5 月，代比总统对中非进行工作访问；同月，中非过渡期国家元首乔托迪亚访问乍得。

2012 年，中非局势动荡，乍得积极参与了中非危机的调解。2013 年 2 月，博齐泽总统出席在乍得举行的萨赫勒 - 撒哈拉国家共同体首脑会议，代比总统与其会见。2014 年 2 月，中非过渡国家元首桑巴 - 庞扎访问乍得；11 月，乍外长法基赴中非班吉出席中非问题第六届国际联络小组会议。2015 年，中非总理卡蒙访乍。2016 年，中非总统图瓦德两次访乍。

四　与苏丹的关系

20 世纪 60 年代至今，乍得与苏丹的关系多次反复，双方曾多次断交和复交，其主要原因是苏丹支持乍得反对派武装，而乍得政府也支持苏丹的反对派武装，两国关系在曲折中发展。

1966 年，苏丹支持乍得反政府游击队，导致两国关系开始紧张。8 月，乍得政府发表声明指责苏丹，并声称拟采取回击行动，两国进行了边界封锁。9 月，乍得军队进入苏丹境内，遭到苏丹政府抗议。尼日尔总统出面调解，两国关系才有所缓解。

20 世纪 90 年代，乍得与苏丹两国高层往来较为频繁。实际上，对于没有出海口的乍得来说，与苏丹的友好关系对于乍得的经济发展来说十分重要。1999 年 1 月，乍得与苏丹签署了海、陆、空运输合作协议，苏丹向乍得开放了通向红海的道路，借此，乍得又获得除了喀麦隆的出海口外的另一个出海口。8 月 29 日，代比总统还出席了苏丹石油管道开通仪式。

苏丹达尔富尔问题的爆发，引发了乍苏关系又一轮波折。2003 年 1 月，乍苏两国在喀土穆成立两国高级混合委员会并达成协议，建立边境安全联合部队，成立乍、苏、中非三方委员会以监督边境安全问题。不久，苏丹对乍得反政府军事力量的支持再次引发两国关系的紧张。2005 年 4 月，乍得宣布停止担任达尔富尔问题调解人，要求苏丹尽快解除在苏境内的乍得反政府人员武装。12 月，一支反政府武装在乍得东部的阿德雷地区向政府军发动进攻，被击退。乍得政府称该武装得到苏丹政府支持，谴责苏丹政府此举导致乍得和苏丹两国处于交战状态。

为了解决乍得与苏丹的争端，2006 年 2 月 8 日，非洲国家小型首脑会议在利比亚首都的黎波里举行，并通过了《的黎波里宣言》。宣言呼吁冲突双方不干涉对方内政，不支持对方叛乱组织，并立即停止一切有损于对方的宣传攻势，努力建立相互信任的关系。会议还决定成立后续行动部长委员会，寻求和平解决争端的方法。乍苏两国也一致同意在对方边境城市设立领事馆，禁止对方叛乱分子在本国领土从事武装活动。然而，随着4月10日乍得反政府武装发动新一轮攻势，两国关系再度陷入僵局。4月11日，乍得反政府武装攻占了蒙戈，13日乍得政府军成功守卫了首都恩贾梅纳，14日，代比总统宣布中断同苏丹的外交关系，要求苏丹驻乍得外交人员立即离境。

两国断交后，仍然做出了寻求和解的努力。2006年7月10日，乍得外长阿拉米作为总统特使率领乍得政府代表团访问苏丹，这是两国断交后访问苏丹级别最高的乍得政府代表团，受到苏丹总统巴希尔的接见。双方签署了两国关系正常化纪要。8月，苏丹总统巴希尔访乍，与代比总统会谈并决定恢复两国大使级外交关系。

2007年5月3日，乍苏两国总统在沙特阿拉伯首都利雅得签署协议，表示将结束两国在边境地区的紧张局势和敌对状态，实现双边关系正常化。5月下旬，苏丹外交部部长阿尔瓦希访问乍得，旨在执行两国前不久达成的和解协议。访问期间，双方讨论了建立联合军事委员会和控制边境冲突的计划。

2008年2月，乍得反政府军攻入首都恩贾梅纳并控制了其中大部分地区，后被政府军击退。乍得谴责苏丹支持叛军。3月，在塞内加尔和利比亚斡旋下，乍苏签署达喀尔和平协议，决定结束敌对状态。然而，5月，苏丹反政府武装突袭首都，苏方指责乍得政府在背后支持，宣布与乍得断交。在利比亚等国斡旋下，双方于

11 月恢复外交关系。2009 年 10 月，苏丹总统顾问加齐访乍，寻求改善两国关系。

2010 年 1 月，双方签署两国关系正常化协议。2 月，乍得总统代比访问苏丹，这是代比自 2004 年后首次正式访问苏丹。双方承诺互不支持对方叛军，共同组建边境安全混合部队，维护两国边境治安。5 月，代比总统赴苏丹出席巴希尔总统就职仪式。7 月，巴希尔总统出席在乍得举行的萨赫勒－撒哈拉国家共同体首脑会议。从 2011 年到 2015 年，两国总统定期进行互访，并在乍得、苏丹、中非三国首脑会议、萨赫勒－撒哈拉国家共同体首脑会议等地区会议上进行商谈。

五 与其他非洲国家的关系

独立之初，乍得就很重视参与非洲地区合作，与邻国的合作关系在其中占据着一定的地位。虽然乍得政局长期动荡，但历届政府均表示尊重非洲统一组织宪章原则，重视同邻国的友好合作关系，表示愿在非洲统一组织和其他地区性组织框架内，促进非洲团结和发展。1963 年 5 月和 1964 年 7 月，乍得先后两次参加了非洲国家首脑会议。此外，乍得同尼日尔、尼日利亚和喀麦隆等邻国及其他非洲国家的友好合作也迅速得到开展。由于毗邻乍得湖，对于乍得湖资源的开发符合该地区国家的共同利益，1964 年 5 月，乍得、喀麦隆、尼日尔、尼日利亚四国就乍得湖开发问题签署了协定。

由于乍得国内持续动荡，直到 20 世纪 80 年代哈布雷上台、政局相对稳定后，乍得与邻国之间的高层互访才逐渐增加。1982 年，哈布雷先后访问了加蓬、多哥、喀麦隆、扎伊尔、尼日利亚和苏丹等国。1983 年 6 月，非洲统一组织承认了哈布雷政权在乍得的合法地位。哈布雷在位期间，多次出访邻国以及摩洛哥、科特迪瓦等北非、西非和中非国家。

1990 年上台执政后，代比保持了与邻国以及非洲主要友好国家的互访频率。代比先后出访了加蓬、多哥、布基纳法索、尼日尔、科特迪瓦、塞内加尔、扎伊尔、尼日利亚、利比亚、喀麦隆和刚果等国。1993 年 1 月 25 ~ 26 日，尼日利亚领导人阿布巴卡尔对乍得进行正式访问。同年，中非总统帕塔塞对乍得进行了工作访问，双方就双边关系和中非竞选等问题进行了会谈。10 月 22 日，代比总统赴中非参加帕塔塞总统就职典礼。

乍得与邻国的经济合作规模并不大，与喀麦隆的石油管道项目合作是一个比较典型的案例。乍得是内陆国家，发现石油后，石油出口创汇需要通道，在喀麦隆铺设一条石油管道是出口石油比较经济方便的方式，该管道也可为喀麦隆带来一定收益。1996 年 2 月，乍得与喀麦隆两国就铺设和经营乍得图布洛至喀麦隆克里比输油管道签署了框架协议。两国关系一直稳定发展。2004 年 6 月，代比赴雅温得同喀麦隆总统比亚主持克里比输油管道竣工仪式，两国高层互访频繁。2014 年 5 月，代比总统对喀麦隆进行友好工作访问，其间与保罗·比亚总统举行会谈，两国外长签署了联合公报。

乍得与尼日尔的关系比较稳定。1997 年 6 月，代比总统主持了在恩贾梅纳举行的尼日尔政府与武装反对派和平协议签署仪式。同年，乍得、尼日尔和联合国难民署共同签署协议，遣返滞留在尼日尔的 1500 名乍得难民。2004 年，乍得总理法基访问尼日尔。2012 年，尼日尔总统伊素福在赴沙特吉达访问途中经停乍得，代比总统在恩贾梅纳机场与其会见。2015 年 3 月，尼日尔总统优素福率领部长级代表团访问乍得，代比会见。同年 9 月，代比总统抵达尼亚美，对尼日尔进行友好工作访问，与尼日尔总统优素福会见。

除了与邻国友好往来频繁以外，近年来，乍得与塞内加尔、科特迪瓦、贝宁、埃及、布隆迪、加蓬、刚果（布）、安哥拉、冈比亚等国都有比较规律的高层互访，并在不同的区域和国际合作框架内进行互动和交往。

乍得也积极拓展与北非马格里布国家的关系。1997 年 5 月，乍得总理科伊布拉访问摩洛哥，两国签署成立合作混合委员会的协议。2004 年 12 月，乍得外长亚马苏姆作为总统特使访问摩洛哥。2004 年，突尼斯总统马尔祖基对乍得进行友好工作访问，代比总统与之会见。2004 年 12 月底，应阿尔及利亚总统布特弗利卡邀请，代比总统对阿尔及利亚进行友好工作访问。2014 年，代比总统也曾访问阿尔及利亚。

乍得与非洲大国——南非也保持着友好关系。2004 年 5 月 24 日，代比总统赴南非出席了南非总统祖玛就职大典。2012 年 1 月，代比出席了南非执政党非洲人国民大会成立百年庆典。2013 年，代比赴南非比勒陀利亚出席了南非前总统曼德拉的葬礼。

大事纪年

公元前 1 世纪初	萨奥文化出现
公元 8 世纪	加奈姆王朝建立
1085～1097 年	乌梅国王统治时期
1085 年	乌梅正式信仰伊斯兰教
1395 年	博尔努王朝建立
16 世纪末	巴吉尔米王朝建立
17 世纪初	瓦达伊王朝建立
1822 年	英国人邓海姆和克拉珀顿进入乍得探险
1850 年	英国人理查德森和德国人巴特进入乍得探险
1890 年	英法签订协定，在乍得地区划分势力范围
1900 年	库塞利战役，拉巴赫战死
1928 年	乍得人民反对法国殖民劳役的大暴动
1940 年	法国上校勒克莱尔率领乍得步兵在中非地区打败意大利军队
1946 年	非洲民主联盟成立
1958 年	法国通过新宪法，宣布乍得是法兰西共同体内的自治共和国

乍 得

1960 年	乍得独立，托姆巴巴耶当选总统
1975 年	马卢姆发动军事政变，托姆巴巴耶被杀
1982 年	哈布雷成立临时中央政权机构国务委员会
1984 年	乍得全国和解预备会议在布拉柴维尔举行
1989 年	哈布雷改组政府，代比率领反对派武装在乍得东部发动进攻
1990 年	代比创建"爱国拯救运动"，自任主席，推翻哈布雷政府
1991 年	代比就任总统
1992 年	昆杜勒兵营兵变
1996 年	代比当选为乍得第一任民选总统 乍得通过新宪法
2001 年	代比第二次当选总统
2003 年	乍得政府和反对派武装签订和平协定 乍得成为石油出口国
2004 年	乍得议会通过宪法修正案，取消对总统连任的限制
2006 年	代比第三次当选总统
2011 年	代比第四次当选总统
2015 年	乍得遭遇"博科圣地"自杀式恐怖袭击
2016 年	代比第五次当选总统

参考文献

一 外文文献

1. *Le Tchad*, Les éditions du Jaguar, Paris, 2010.

2. *L'histoire du Tchad racontée à nos enfants*, Les éditions du Jaguar, Paris, 2012.

3. Oelz M., Olney S., Tomei M., *Guide d'introduction à l'égalité de rémunération*, Bureau international du Travail, Département des normes internationales du travail, Département des conditions de travail et de l'égalité, Genève: BIT, 2013, http://www. ilo. org/wcmsp5/groups/public/---dgreports/---dcomm/---publ/documents/publication/wcms_223150. pdf.

4. *L'Emploi au Tchad en 2011*, *Troisième Enquête sur la Consommation et le Secteur Informel au Tchad Rapport final*, Institut National de la Statistique, des études économiques et Démographiquesdu Tchad, N'Djaména, 2014, http://www. inseedtchad. com/IMG/pdf/ecosit3-rapport_ principal_ sur_la_ pauvrete_ tchad_2011_ version_ publiee-2. pdf.

5. "Tableau de bord social du Tchad, édition 2014", Institut National de la Statistique, des études économiques et Démographiques,

N'Djaména, 2014, http：//www. inseedtchad. com/IMG/pdf/tableau _ bord_ social_ final. pdf.

6. *Rapport 2014 sur les droits de l'homme-Tchad*, Bureau of Democracy, Human Rights and Labor, Department of State, United States, 2014, http：//www. humanrights. gov/pdf/2014-hrr-translations/chad-fre-final. pdf.

7. *Programme Pays pour un Travail Décent (PPTD) 2013 – 2015*, Organisation internationale du Travail, N'Djaména, 2013, http：// www. ilo. org/public/english/bureau/program/dwcp/download/tchad1315. pdf.

8. *Politique nationale de l'emploi et de la formation professionnelle au Tchad (PNEFP)*, Ministère de la Fonction Publique, du Travail et de l'Emploi, République du Tchad, N'Djaména, 2014, https：// www. ilo. org/dyn/natlex/docs/MONOGRAPH/99039/118042/F1 303047363/TCD – 99039. pdf.

9. *Observation des prix pour la ville de N'Djaména en septembre 2015*, Institut National de la Statistique, des études économiques et Démographiques, N'Djaména, 2015, http：//www. inseedtchad. com/IMG/pdf/bulletin_ ihpc_ septembre_ 2015. pdf.

10. *Annuaire des statistiques sanitaires*, Tome A, 27ème *édition*, Division du système d'information sanitaire, Ministère de la santé publique du Tchad, 2013, http：//zh. scribd. com/doc/140387930/Annuaire-des-Statistiques-Sanitaires-du-Tchad-2006-Tome-A-20eme-edition-Septembre-2007#scribd.

11. *Plan national de développement sanitaire du Tchad 2009 – 2012*

Tome 2：*Programmation*，*suivi et évaluation*，Ministère de la santé publique du Tchad，2008，http：//www. sante-tchad. org/file/54892/.

12. *Profil pays EPT-Tchad*，Organisation des Nations Unies pour l'éducation，la science et la culture，2014，http：//www. unesco. org/new/fileadmin/MULTIMEDIA/FIELD/Dakar/pdf/FicheEPTTchad. pdf.

13. *Etude préliminaire du phénomène des migrations au Tchad*，Organisation internationale pour les Migrations，2012，http：//reliefweb. int/sites/reliefweb. int/files/resources/etude-preliminaire-du-phenomene-des-migrations-au-tchad-FR. pdf.

二　各类国际机构和外国政府机构官网（英法文）

1. 联合国文件中心：http：//www. un. org/zh/documents/。

2. 联合国中乍特派团官网：http：//www. un. org/fr/peacekeeping/ missions/past/minurcat/。

3. 世界银行数据库：http：//data. worldbank. org。

4. 世界贸易组织官网：http：//www. wto. org/french/thewto_ f/countries_ f/chad_ f. htm。

5. 乍得总统府官网：http：//www. presidencetchad. org/。

6. 乍得驻俄罗斯使馆官网：http：//ambatchad. ru/le-tchad-chronologie。

7. 联合国粮农组织官网：http：//www. fao. org/countryprofiles/index/zh/? iso3 = TCD。

8. 乍得共和国农业和灌溉部官网：http：//www. minagri-tchad. org/fr/。

9. 乍得共和国卫生部官网：http：//www. sante-tchad. org/。

10. 乍得共和国政府官网：http：//www. gouvernementdutchad. org/fr/。

11. 乍得共和国政府总秘书处链接地址：http：//www. sgg-tchad. org/fr/。

12. 乍得共和国总统府链接地址：http：//www. presidencetchad. org/index_ fr. php。

13. 乍得共和国国家广播电视局官网：http：//www. onrtv. td/fr/。

14. 乍得共和国国家旅游局官网：http：//www. ott. td/site/？l = fr。

15. 乍得共和国国家数据和人口经济研究院官网：http：//www. inseedtchad. com/？lang = fr。

16. 《乍得日报》官网：http：//www. journaldutchad. com/index. php。

17. 法国外交部官网：http：//www. diplomatie. gouv. fr/fr/dossiers-pays/tchad。

18. 法国驻乍得使馆官网：http：//www. ambafrance-td. org/。

19. 法国财政部官网：http：//www. tresor. economie. gouv. fr/Pays/tchad。

20. 法国国家人口统计学研究所官网：http：//www. ined. fr/fr/。

21. 美国国务院官网：http：//history. state. gov/countries/chad。

22. 美国中央情报局官网：https：//www. cia. gov/library/publications/the-world-factbook/geos/cd. html。

23. 俄罗斯驻乍得使馆官网：http：//www. tchad. mid. ru/fr/。

24. 法国报纸《外交世界》：http：//www. monde-diplomatique. fr/index/pays/tchad。

25. 法国天主教反饥饿求发展委员会官网：http：//ccfd-terre solidaire. org/。

26. 非洲新闻网：http：//www. afrik. com/tchad。

27. 乍得新闻网：http：//www. tchadactuel. com。

28. 乍得信息网：http：//tchadinfos. com/。

29. 中非新闻网（乍得）：http：//www. afriquechine. net/pays/tchad. html。

30. 拉鲁斯百科：http：//www. larousse. fr/encyclopedie/pays/Tchad。

31. 加拿大谢布鲁克大学（Université de Sherbrooke）数据库（乍得部分）：http：//perspective. usherbrooke. ca/bilan/pays/TCD/fr. html。

三　中文文献

1. 闵永年主编《世界知识年鉴 2013/2014》，世界知识出版社，2014。

2. 外交部政策规划司编《中国外交》，世界知识出版社，2012。

四　中文网站

1. 中国外交部网站：http：//www. fmprc. gov. cn。

2. 中国商务部官网：http：//www. mofcom. gov. cn/。

3. 中国海关总署官网：http：//www. customs. gov. cn/。

4. 中国驻乍得使馆官网：http：//td. chineseembassy. org/chn/。

5. 中国驻乍得使馆经商处官网：http：//tchad. mofcom. gov. cn/。

6. 中华人民共和国驻乍得共和国大使馆官网：http：//td. china-embassy. org/chn/。

7. 中华人民共和国驻乍得共和国大使馆经济商务参赞处官网：http：//tchad. mofcom. gov. cn/article/ddfg/tzzhch/200801/20080105 320989. shtml。

索　引

后　记

　　受邀主持《列国志·乍得》的新编工作，本人感到非常荣幸。在此，首先要感谢社会科学文献出版社编辑老师对我的信任。其次，要向《列国志·中非、乍得》（2009）的作者汪勤梅老师表示敬意，新编工作吸取了 2009 年版的很多经验。最后，要感谢参与本次新编工作数据搜集的北京外国语大学法语系研究生罗然同学，也要感谢为本书提供审稿意见的外交部韩勤定同志。他们都为新版《列国志·乍得》的问世做出了很大贡献。

　　本书所使用的资料和统计信息主要来自较为权威的数据库，包括世界银行统计数据、乍得官方统计数据、法国外交部及其统计机构数据、中国外交部官网资料等。在编写过程中，编者竭力搜索最新统计数据，但因资料有限，不同章节所附数据截止年限有所不同，部分数据可更新至 2016 年，但部分数据仅能更新至 2011 年。其中，军事部分数据采集难度最大，故未能提供更多的相关资料。新版《乍得》重点扩充了社会、文化、外交三个部分的内容，尤其是社会以及教育和文化章节，编者根据各大数据来源，努力展现乍得进入 21 世纪以来在就业、医疗、教育和参与国际事务等方面取得的进展和存在的问题，以期读者能够深入了解乍得当今社会的具体情况。此外，编者努力对材料进行合理的取舍，力求全文简练易读。

乍 得

在中非交流日益频繁和深化的今天，了解非洲国家的国情，理解非洲人民的文化和传统，有利于促进双方的全方位交流。编者希望通过对本书的编写和出版，更完整地向读者展示乍得的方方面面。

最后，由于编者水平有限，新增数据庞杂，疏漏在所难免，敬请广大读者和专家学者批评指正。

李洪峰

2017 年 6 月

非洲

阿尔及利亚
埃及
埃塞俄比亚
安哥拉
贝宁
博茨瓦纳
布基纳法索
布隆迪
赤道几内亚
多哥
厄立特里亚
佛得角
冈比亚
刚果
刚果民主共和国
吉布提
几内亚
几内亚比绍
加纳
加蓬
津巴布韦
喀麦隆
科摩罗
科特迪瓦
肯尼亚
莱索托
利比里亚
利比亚
卢旺达
马达加斯加

马拉维
马里
毛里求斯
毛里塔尼亚
摩洛哥
莫桑比克
纳米比亚
南非
南苏丹
尼日尔
尼日利亚
塞拉利昂
塞内加尔
塞舌尔
圣多美和普林西比
斯威士兰
苏丹
索马里
坦桑尼亚
突尼斯
乌干达
赞比亚
乍得
中非

欧洲

阿尔巴尼亚
爱尔兰
爱沙尼亚
安道尔
奥地利
白俄罗斯

保加利亚

北马其顿

比利时

冰岛

波兰

波斯尼亚和黑塞哥维那

丹麦

德国

俄罗斯

法国

梵蒂冈

芬兰

荷兰

黑山

捷克

克罗地亚

拉脱维亚

立陶宛

列支敦士登

卢森堡

罗马尼亚

马耳他

摩尔多瓦

摩纳哥

挪威

葡萄牙

瑞典

瑞士

塞尔维亚

塞浦路斯

圣马力诺

斯洛伐克

斯洛文尼亚

乌克兰

西班牙

希腊

匈牙利

意大利

英国

美洲

阿根廷

安提瓜和巴布达

巴巴多斯

巴哈马

巴拉圭

巴拿马

巴西

秘鲁

玻利维亚

伯利兹

多米尼加

多米尼克

厄瓜多尔

哥伦比亚

哥斯达黎加

格林纳达

古巴

圭亚那

海地

洪都拉斯

加拿大

美国

墨西哥

尼加拉瓜

萨尔瓦多

圣基茨和尼维斯

圣卢西亚

圣文森特和格林纳丁斯

苏里南

特立尼达和多巴哥

危地马拉

委内瑞拉

乌拉圭

牙买加

智利

大洋洲

澳大利亚

巴布亚新几内亚

斐济

基里巴斯

库克群岛

马绍尔群岛

密克罗尼西亚

瑙鲁

纽埃

帕劳

萨摩亚

所罗门群岛

汤加

图瓦卢

瓦努阿图

新西兰

国别区域与全球治理数据平台

www.crggcn.com

　　"国别区域与全球治理数据平台"（Countries，Regions and Global Governance，CRGG）是社会科学文献出版社重点打造的学术型数字产品，对接国别区域这一重点新兴学科，围绕国别研究、区域研究、国际组织、全球智库等领域，全方位整合基础信息、一手资料、科研成果，文献量达30余万篇。该产品已建设成为国别区域与全球治理数据资源与研究成果整合发布平台，可提供包括资源获取、科研技术服务、成果发布与传播等在内的多层次、全方位的学术服务。

　　从国别区域和全球治理研究角度出发，"国别区域与全球治理数据平台"下设国别研究数据库、区域研究数据库、国际组织数据库、全球智库数据库、学术专题数据库和学术资讯数据库6大数据库。在资源类型方面，除专题图书、智库报告和学术论文外，平台还包括数据图表、档案文件和学术资讯。在文献检索方面，平台支持全文检索、高级检索，并可按照相关度和出版时间进行排序。

　　"国别区域与全球治理数据平台"应用广泛。针对高校及国别区域科研机构，平台可提供专业的知识服务，通过丰富的研究参考资料和学术服务推动国别区域研究的学科建设与发展，提升智库学术科研及政策建言能力；针对政府及外事机构，平台可提供资政参考，为相关国际事务决策提供理论依据与资讯支持，切实服务国家对外战略。

数据库体验卡服务指南

　　※100元数据库体验卡，可在"国别区域与全球治理数据平台"充值和使用

　　充值卡使用说明：
　　第1步 刮开附赠充值卡的涂层；
　　第2步 登录国别区域与全球治理数据平台（www.crggcn.com），注册账号；
　　第3步 登录并进入"会员中心"→"在线充值"→"充值卡充值"，充值成功后即可使用。

声明

　　最终解释权归社会科学文献出版社所有

　　客服QQ：671079496
　　客服邮箱：crgg@ssap.cn

　　欢迎登录社会科学文献出版社官网（www.ssap.com.cn）和国别区域与全球治理数据平台（www.crggcn.com）了解更多信息

图书在版编目（CIP）数据

乍得 / 李洪峰，侯镌琳编著. ‐‐北京：社会科学
文献出版社，2017.12（2022.3重印）
（列国志：新版）
ISBN 978‐7‐5201‐0372‐5

Ⅰ.①乍…　Ⅱ.①李…②侯…　Ⅲ.①乍得‐概况
Ⅳ.①K946.1

中国版本图书馆 CIP 数据核字（2017）第 031801 号

·列国志（新版）·

乍　得（Chad）

编　　著 / 李洪峰　侯镌琳

出 版 人 / 王利民
项目统筹 / 高明秀
责任编辑 / 许玉燕　陆　彬
责任印制 / 王京美

出　　版 / 社会科学文献出版社·当代世界出版分社（010）59367004
　　　　　　地址：北京市北三环中路甲29号院华龙大厦　邮编：100029
　　　　　　网址：www. ssap. com. cn
发　　行 / 社会科学文献出版社（010）59367028
印　　装 / 唐山玺诚印务有限公司

规　　格 / 开本：787mm × 1092mm　1/16
　　　　　　印张：16.5　插页：0.75　字数：190千字
版　　次 / 2017 年 12 月第 1 版　2022 年 3 月第 2 次印刷
书　　号 / ISBN 978‐7‐5201‐0372‐5
定　　价 / 79.00 元

读者服务电话：4008918866